想成為男人第一、女人唯一

銀座頭牌女公關教你讀懂男與女從未說出口的真心話

Minako Sekiguchi
關口美奈子 著
林于楟 譯

前言

社交恐懼症的我投身公關業的原因

你曾在打工時，因為不敢對顧客說「歡迎光臨」而被開除嗎？或是遇到異性示好，明明是對方先告白，最後卻反過來甩了妳，還拋下一句「我怎麼會喜歡上妳這種人啊……有夠噁心！」的經驗嗎？

以上這些，都是我的親身經歷。

「這種人有辦法撰寫理解男女真心話的書!?我這本書該不會買錯了吧？」或許會有讀者這樣想吧？但還請放心。

我自十九歲那年投身酒店公關的行業直到退休的這九年間，一路從八王子到銀座的俱樂部，皆維持在頭牌女公關的地位。

沒有錯，原本超級陰沉、還因舉止怪異被身邊的人叫做「小怪異」的我，實際將前輩公關的教誨以及閱讀心理學書籍學到的知識運用在公關工作上，但有時也因為搞錯待客方式而被責罵。我把自己從中親身體認的「男女真心話」盡數寫在本書。

原本別說懂男人心了，連同性朋友都很少的我，說話音量小，一緊張就會支支吾吾或是臉紅。

想和「一般人」一樣戀愛、交朋友，所以跑去打工，但就連到超商或咖啡廳工作都遭到開除，已經沒地方能讓我工作了。我每天都煩惱著「接下來該怎樣活下去才好啊」。

如果我家境富裕，或許還能容許我在家當個尼特族，但我有四個兄弟姊妹，無論如何我都得自己工作賺錢才行。

就這樣，當時走投無路的我，唯一的選擇就是酒店公關。

或許沒多久就會辭職，但如果想要改變現狀，我就得做些不同以往的事情才行。我這樣想著，抱著或許能變成「華麗、多金、桃花多」，也就是和當時自己完全相反的女性的希望，闖入東京八王子地區的夜世界。

頭牌公關S小姐震撼我的待客之道是？

剛開始幾個月，我每天都躲在廁所裡哭。我不擅言詞，和顧客聊天也聊得很不熱絡。感覺大家都看不起我，嘲笑我走錯地方，讓我越來越畏縮。

我日復一日不停重複來回想著：「辭職吧。」

「不，直到改變自己為止，再試著努力一天吧。」

我無論如何都想改變自己，於是去請教我們店裡當時的頭牌S小姐，她是位重度煙槍、超適合穿長禮服的冷豔美女公關。S小姐是我們店裡一枝獨秀的第一名，對我來說是高不可攀的人，我從未直接與她對話過。

在此，我請店裡的少爺幫忙安排，拜託S小姐破例讓我觀摩她接待顧客的模樣。

S小姐的待客手段，對我來說是一連串的震撼。精心巧妙設計說話內容，裡面充滿了要怎樣牽動顧客心情的算計。

舉例來說，當顧客向S小姐告白時，她做出了以下的應對：

顧客：「我真的好喜歡妳，妳也差不多該明白我的心意了吧？」

S小姐：「你喜歡我哪裡？」

顧客：「可愛！」

S小姐：「然後呢？」
顧客：「溫柔。」
S小姐：「再來呢？」
顧客：「身材很好。」
S小姐：「其他呢？」
顧客：「妳也很體貼呢。」
S小姐：「只有這樣？」
顧客：「全部啦！」
S小姐：「這樣啊……全都是優點耶。我真希望你也可以說些缺點，我只要一交往就希望能長久交往下去。」
顧客：「妳才沒有缺點。」
S小姐：「如果你沒看見我的缺點，那應該表示你喜歡我但不愛我吧？我們對彼此都還很不了解呢。」

顧客：「我覺得才沒這回事耶。」

S小姐：「我們喜歡彼此，所以我希望真的愛上彼此之後再交往。如果你是認真說這件事，那我希望接下來我們可以積極地去看彼此的優點和缺點♡。」

顧客：「我是真的很愛妳耶！我很愛妳，所以我們下次一起去旅行吧！」

S小姐：「你會和前女友分手，就是因為只知道彼此的優點，在看見缺點後開始感到厭煩才分手的吧？我完全無法想像在看不見彼此缺點的情況下就擁有親密關係耶。」

S小姐會不停重複這類對話，她不會百分之百拒絕或接受顧客，而是巧妙地不斷使用「在我心中你是最好的，但我還沒辦法完全信任你……」來打太極。我在旁邊觀摩，也忍不住快要愛上S小姐，所以我想顧客應該更深受她吸引。

和這位顧客一樣，喜歡上自己花錢、花時間的事情，在心理學中稱為「沉沒成本效應」。我之後才知道，特別是自尊心高、不擅長承認自己錯誤的男性，格外容易陷入這種狀況中。

在那之後，我在結束營業後到天亮前的時間都和S小姐共度，從她身上學習待客用的對話、表情、利用文字抓住男人心的方法等非常多事情。我把S小姐說的每句話寫在筆記上，紀錄了各種版本的對話劇本，並全部背下來實際運用。

慢慢的，指名我的顧客逐漸增加，我也越來越有自信了。

以前顧客會對我說「不說話就閃邊去」、「醜女就別來了！」，還會有人要求換人。如果是以前的我，應該去廁所哭一哭就沒下文，但開始有自信後，我變得有辦法邊笑邊說：「別換人，讓我挑戰看看嘛！」

一年後，我的營業額超越師父S小姐，第一次登上第一名的寶座。

被男人欺騙，損失將近一千萬日圓後才知道的事情

但我那時滿腦子只想著完美複製S小姐，根本不懂真正的男女心理。因為我在現實生活中幾乎沒有戀愛經驗，不小心就被某個男人矇騙，甚至因此損失了將近一千萬日圓……。

這個苦澀經驗讓我開始每天往書店跑，大肆搜刮心理學、自我啟發與交流溝通的書籍來閱讀。

在這之中，某本書中不就寫著：想要試探男人的真心度，「別聽他怎麼說，要看他怎麼做」嘛！

不管對女性說出多溫柔的甜言蜜語，只要瞞著對方奢侈消費或不遵守約定，這就是不誠懇的證據。書上也寫著，因為女性比較重視感情，容易只依賴能從中感受到愛情的話語。

把書中內容與自己和他的相處做對照，確實被說中了許多事……。

要是我有普通的戀愛經驗，擁有尋常的交流溝通能力，或許也能自然理解這類男女之間有所差異的心理吧，但對當時的我來說難如登天。

也正因為有過這個經驗，我才能更深入理解男女的心理。

實際上，我把從S小姐身上與書上學到的事情，嘗試在店裡集中實踐並得到顧客正面回饋後，在這九年穩坐冠軍寶座，還實現買房子給雙親的夢想。在下班後的私生活中也終於步上普通戀愛、結婚的道路。從公關工作退休後，我活用自己對男女雙方心理無所不知這點來經營婚友社。

即使有社交障礙，只要讀懂男女真心話就能改變人生！

說了這麼多我的個人經歷，我想要說的就是，**即使是有社交障礙、沒有對象的人，只要熟知男女的心理以及雙方差異，就能因此改變人生。**

本書所介紹的男女真心話，是以我在夜晚的銀座認識的男性顧客，以及在那裡見聞到的男女情事，還有公關們實際用來抓住男人心的密技等內容為基礎寫成。

只不過，書中所寫的「男」與「女」，並非指稱生理性別，而是「男性化思考與行動」和「女性化思考與行動」的意思。說起前來銀座消費的顧客，或許很多人會浮現「黝黑且肌肉發達，非常有男子氣概」的男性印象，但實際上也有不少愛聊天、喜歡與他人分享想法，或是會親手做菜給女公關吃等擁有女性特質的男顧客。

所以說，請大家別拘泥於自己的生理性別，試著用沒有界線的感覺來閱讀本書。其中肯定也會出現「雖然我是男的，但其實我偏向女性」、「我是女的，但意外地很男性化耶」的感受吧。

有時異性的思考迴路與行動模式會讓你感覺不可思議，「為什麼要說這種話？」、「一般來說根本不會這麼做吧？」，但只要理解箇中道理，

運用能感動對方的字詞說話，交流溝通就會順利得教人驚訝。

書中每一則還加入了可以改善自己消極或沒自信的工作表單「HAPPY WORK」，或是異性雙方只要這樣說話就能讓對方理解的對話範例「HAPPY TALK」。這全都是我實際上在銀座見聞與運用而來的「可用」之物，所以請務必實際活用看看。

因為書本獲得救贖的我，這次竟然有機會得以執筆並出版著作，真的像在作夢一樣。

希望你可以從中找到能派上用場的線索，讓苦澀的戀愛多少能有所回報。前社交障礙者的我傾注了所有的愛，將這本書獻給你。

關口美奈子

第一章 為什麼無法如願「談一場尋常的戀愛」？

第二章
男與女的真心話～戀愛與性愛篇～

第三章 男與女的真心話～交流溝通篇～

第四章
男與女的真心話～外表與舉止篇～

第一章

為什麼無法如願「談一場尋常的戀愛」？

「我這種人……」的消極想法會推離愛情

本章想要和大家談談我在夜晚的銀座與現在經營的婚友社中所見所聞、男女共通的「零桃花的理由」，就算再有錢、就算是個大美人，會找不到愛情、遇不見桃花，肯定都有理由。

「我可以和矮個子的男人上床，但我無法連低微的自卑一起愛。」

這是我還算是新人公關時，前輩不經意脫口而出的一句話。

據與許多男人接觸過的她所言，即使是矮個子的男性，只要對方不因此感到自卑，甚至還相當有自信，就算要和對方交往也完全沒問題；但如果是非常在意自己的身高，因而變得卑微且自卑感畢露的男性，則完全不會讓人想和他交往。

聽到這句話時，我心裡冒出「啊，那個矮個子的男生跟我好像」的想法。

有社交障礙的我，別說戀愛了，連普通人際關係也經營不好，就連去超商打工都能被辭退。

「講不出任何有趣的話題，怎麼可能有人願意和我這種人當朋友。」

「像我這種人，就算被我『喜歡』也只會造成對方困擾……」

這類想法變成我的理所當然，而且在店裡完全展現出「真的可以讓我這種人坐檯嗎？」的卑微態度待客。

但聽到前輩這句話之後，我才第一次察覺：

「魅力的本質就是『自信』。」

「重點並非個子矮、不可愛這些缺點本身，而是當事者如何看待這些缺點。」

仔細想想，顧客都是想要好好玩樂才上門消費，如果聽到公關畏怯地說：「真的可以讓我坐檯嗎？」肯定會立刻失去興致吧。戀愛與人際關係也是相同，大家都想要尋找新的邂逅或認識想法相近的對象，當然會對完全展現出「和我這種人在一起也不會開心吧」這種卑微氛圍的人敬而遠之啊。

把愛情推開的是消極的自己

不論男女，推開愛情與工作成就的，都是擁有「我這種人……」這種

消極想法的自己。

只不過，我們的大腦天生屬於「只要放置不管、就會不停產生負面想法」的運作模式，有著「預想最糟糕的狀況、並做好準備才能存活下來」的演化歷史。所以時常浮現不安或擔憂的想法等等，都是大腦的本能。因此就算不斷告訴自己「要對自己有自信」、「想法積極點啊」，也很難輕易做到。

這種時候，我自己會實踐將在第27頁介紹的「Good and New」這個小行動。這是一個人也能簡單做到、讓你喜歡上自己的小行動，所以請務必將這個行動當成睡前習慣。我的個性極端陰沉，就算連續九年穩坐冠軍寶座，現在仍很難對自己有自信，但我靠著這個小行動，每天努力斬斷連綿不絕的負面思考。

順帶一提，我的顧客中有位容貌相當特殊，那種特殊的程度是「就算知道很失禮也會忍不住訝異地回頭看第二眼」的人。一般來說，這類顧客不管怎樣都會多少透露出自卑的態度，但這位顧客真的很有自信，態度總是落落大方。我常常想「他真厲害，真想向他看齊」。有天他和朋友一起上門，我終於知道他的自信來源了。

「我去高爾夫球場會和他一起洗澡，他的〇〇大小肯定是我見過的前三名！」

女性聽到這種事大概會覺得「只是因為這樣!?」，但男性可以靠這件事情維持自信呢，讓我增廣見聞了。不管是什麼因素，只要能將此轉為自己的自信，就是件美妙的事情。也請大家試著找到自己的自信來源吧！

男與女的HAPPY WORK

當你無法停止消極想法時

「Good and New」

請利用睡前之類的時間，試著回想今天二十四小時內發生的「好事」與「全新發現」。這可以替你斬斷一連串的負面思緒，讓大腦切換成比較樂觀積極的方向。

男女之間因為「體貼」而彼此錯過

在談戀愛或人際關係中最重要的「體貼」，也會受到沒自信帶來的負面影響。

我運用在銀座當公關的經驗所開設的婚友社，那些要找結婚對象的女性最常問我的一個問題就是：

「為什麼沒有人要選我？我覺得我是個很體貼的人耶……」

若問她是怎樣體貼對方，最常聽到以下回答：

- **會貫徹聽話的角色，讓對方可以暢所欲言**
- **為了留下好的第一印象，都挑選最保險的答案回答**
- **會幫忙拿湯匙或是叉子**
- **會幫忙分沙拉**

請容我說點重話，這**與其說是「體貼」，充其量只是「懂得看氣氛」而已。是因為對自己沒自信，所以會在察言觀色後才採取行動。**

為了不想被對方討厭、希望對方喜歡自己，所以總之先幫忙分沙拉；不管對方問什麼，都只說出保險的答案。乍看之下是體貼對方的行為，但那只是虛有其表，頂多就是「從自己的角度看事情」。

體貼的本質是「讓對方感到喜悅」。如果沒把對方放在眼中就毫無意義。常見婚活*相關書籍會寫「只要貫徹傾聽角色就能受歡迎」之類的內容，但這也有程度之別。一直講自己的事情的確不好，但倘若只是滿臉笑容說著無關痛癢的安全話題，那也無法讓對方了解你，很可能會讓對方覺得無法與你建立起長期的人際關係。

「相當體貼」與「過度察言觀色」的界線

與此相比，身為待客專家的銀座公關們所呈現出來的體貼，基本上得先用盡所有的觀察力與想像力才能做到。要**觀察、想像該怎麼做才能讓對方樂在其中，並處處用心，想辦法讓對方和你在一起也不會感到無聊。**

如果感覺顧客似乎有點無聊，就可以拋出「我很喜歡打高爾夫球，你有接觸高爾夫球嗎？」等與興趣相關的話題，如果感覺對方很疲倦，就可以關心他的健康等等，根據對方的狀況改變關心體貼的方向。

另外，當對方拋出一個話題時，要拿捏好分寸，在別說太多話的前提下，確實向對方表露自己的資訊。

這才是真正「以對方角度思考」的體貼。

別因為察言觀色過了頭，讓對方產生「她的笑容雖然很可愛，但完全搞不清楚是怎樣的人耶……」的感覺，請試著思考要怎樣體貼對方，才能溫暖對方的心。

體貼是把鑰匙，幫助你打開對方的心門。只要能做到讓對方開心的體貼，不僅會提升在戀愛中「雀屏中選」的機會，也能受到對方信賴，連一般人際的交流溝通也能變得順遂。

＊**婚活：**為了順利結婚而努力進行各項活動，包含聯誼與相親等。

「認真且誠懇」的男人不受歡迎的原因

另一方面，戀愛不順利的男性，共通點就是誤以為「不追求就是體貼」。

舉例來說，常見認真的男性有「我和對方是老朋友了，我一直單戀對方，希望可以兩情相悅成為情侶」的煩惱。當事人認為不強勢追求對方是尊重女性的行為，但很遺憾，這樣一來行動就遲太多步了。這是因為，女方早已在心中將你分類於「朋友」的類別中了。

女性會在初識的七秒內，無意識地以本能判斷「能不能和這個人上床」。就算剛認識時把對方當異性看待，只要對方長期沒表示，就會將其劃分到「戀愛關係以外」的範圍去。為什麼女性會瞬間把對方區分為「情人」或是「朋友」呢？這與下列女性特有的本能有關。

懷孕、生產會帶給身體負擔，為了提高成功機率而不希望有所失敗

←想要經過一定時間的交往，觀察對方到底誠不誠懇

←所以希望從認識到正式交往的時間，越短越好

←會很快捨棄沒展開追求的人

或許男性會覺得太不講理了，但女性嘴上說著「喜歡溫柔的人」，其實會在無意識中將不展開追求的男性判定為「沒有自信所以不敢強勢出頭的軟弱男子」，而不把對方當異性看待。

另外，專情是很好，但過於拚命執著一位女性而不從容的男性也不會受歡迎。

・遇到假日就問「能不能見面？」

・因為不想被討厭只會說些安全話題，結果聊起天來一點也不有趣

這就是所謂「不從容」的狀態。

關於這點，花花公子因為還有其他女性對象，所以態度很是從容。藉由引起女方產生「咦？今天沒看他傳LINE邀我出去耶。」的想法，不僅是向對方表示「我也有自己的世界」而非採取窮追不捨的態度，反而能誘發女性興趣，女性也會喜歡上這份從容。結果，女性會不再對原本最珍惜自己且專一的男性感興趣，反而會被毫不誠懇的男性玩弄。

我婚友社的女性會員，很容易會用容貌或是舉止是否得體的基準來選擇男性。當女性會員在看照片就先敬而遠之表示「這位男性有點……」時，我都會建議她們再給一個機會：「這位男性相當優秀，我覺得你們應該很合得來，見個面看看如何呢？」實際上也有很多對情侶是在見面後才發現意氣相投，最後步入禮堂呢。

能不外遇建立溫暖家庭的男性，絕對是認真且專情的男性，而外表和舉止則可以後天加以改造。女性也別只憑第一次見面的印象就說著「這人不行」而一刀兩斷，就算看見男性笨拙的體貼也能從容地解釋成「這個人也相當努力呢」，或許才是獲得自己理想的戀愛與婚姻的關鍵。

在銀座讓女公關覺得「可上床」男性的共通點

那麼，對看遍各種一流男性的銀座女公關來說，怎樣的男性會讓人感覺「我可以和這位顧客交往耶♡」呢？

在見過許多高優質顧客後，我知道有錢人分為：

・真正富裕的有錢人

・只是有錢的人

只是有錢的人會拿金錢當令箭，要女公關們服從他。公關們也是在工作，當然不可能當面否定顧客，但不管發生什麼事情都不會屈服。

而真正富裕的有錢人，非常體貼我們公關。

體貼是在自己從容時才有辦法做出的行為呢。

舉例來說，店裡的女孩子不小心灑出飲料潑到顧客的衣服時，雖然有點失禮，但公關們會趁機偷偷替顧客評等。

・三流顧客忙著生氣怒罵

・二流顧客會說「不要緊、不要緊」

・一流顧客不只會關心公關「妳沒事吧？」，還會在結帳時多留一筆洗衣費

說著「我就是花大錢來享受的，要讓我開開心心的啊」的男性，果然不可能受女性歡迎。**不論男女，對自己有自信、器量大又從容的人，自然會吸引他人到他身邊。如果是男性，就算他不要求，也會有人主動獻身；女性不求愛，也會有非常多人愛她。**

男與女的HAPPY WORK

當無法擁有自信時

「認知重構（Reframing）」

並非勉強對自己產生自信，而是改變看待事物的方法，養成「認知重構」的思考習慣。

舉例來說，假設你有「怕生」的缺點，你不是要責怪自己沒用，而是要試著把這點當作「我很擅長聽人說話」、「謹慎所以很少失敗」等優點來解釋。只要能喜歡自己，笑容自然跟著增加。

老是吸引「渣男」和「鬱嬌女」的原因

身處夜晚的世界久了，也看過無數「渣男磁鐵」或是「鬱嬌女磁鐵」的女公關或顧客。

女公關的生活步調無論如何都和白天工作的朋友或是情人不同，所以很難有機會一起出去玩或是去旅行。因此變得容易和白天時間自由的同業男公關或是沒工作的男性交往。其中還看過男方仰賴收入優渥的女公關薪水，進而辭掉男公關變成無業遊民。要是不工作，只要願意做家事與家裡的雜事還無所謂，但也很常見只有在討零用錢時回家一趟，平常都待在劈腿對象那裡不回家的狀況。

另外，八大行業本來就是很容易養出鬱嬌女的世界。有「想存錢開自己的店」、「想琢磨自己坐上冠軍寶座」等目標的人另當別論，許多公關因為看過太多毫不在意有妻子還追求女公關的已婚男性，就容易產生「男人絕對會外遇」的刻板印象；也容易動不動因為男友的一點言行就懷疑對方而生了心病、過度束縛對方；或者是為了引起對方關注而做出離奇的行為等例子。

原因也可能是自己「害怕被拋棄」

只不過，會吸引這類「渣男」、「鬱嬌女」的人，也不全是女公關或銀座俱樂部的顧客，大家身邊應該也常出現吧。**換言之，也請思考「他們原本並不是渣男或鬱嬌女，而是你讓對方變成這樣……」的可能性，原因**

不見得全部出在對方身上。

「喜歡」這個戀愛情緒，據說是在以下三個情緒與慾望全數到齊後才成立：

・想和對方在一起，對方不在身邊會感到痛苦的「親和、依賴慾望」

・願意為對方付出任何犧牲的「援助傾向」

・想要獨占對方的「排他情緒」

只要欠缺其中一項，都會讓這些情緒與慾望往負面方向失控，可能會讓對方變身為渣男、鬱嬌女。總是不小心就和「渣男」、「鬱嬌女」交往的人，或許是在無意識中做出了以下這些行為：

・藉口忙碌不願意努力抽出時間見面，讓對方感到不安

・沒發現對方有煩惱，或是視而不見，發現了也不幫忙

・讓對方感覺自己另外有異性對象，或不停重複劈腿行為

其實以上這些行為也是女公關會對顧客施展的技巧之一。女公關決勝的關鍵就在於能讓顧客對自己中毒有多深。在縮短彼此距離後故意冷淡對待，讓對方產生「明明已經變得那麼要好了啊，是為什麼呢？」的感受，引誘對方追上來，就能讓對方繼續上門消費。

另外，之所以會做出讓對方不安的言行，有種說法認為是因為你對自己沒自信，「在被拋棄之前先拋棄對方，設下不讓自己受傷的防線」、「刻意造成對方不安，讓對方依賴自己，想藉此把對方留在身邊」等情緒的表現。不管怎樣，如果你在無意識中做出這種行為，那你極有可能在八大行業的世界中成為當家紅牌，但在日常生活中用太多只會讓對方生病，也會讓自己遠離幸福，還請千萬多加注意。

男與女的HAPPY WORK

想克服被拋棄的不安

「遵守和自己之間的小約定」

認為「這樣的自己絕對遲早會被拋棄」、「我滿身缺點絕對不可能有人喜歡我」而閃避與對方變得更親密的這類人，可以藉著累積微小的成功經驗，讓自己擁有「我也能辦到」的自信。

每天早上決定好一個小約定，例如「今天會忙一整天，但一定要好好吃頓午餐」、「工作進度要完成到這邊」、「今天要打掃廁所」，並且要絕對執行，請嘗試看看吧。

不可能「做真正的自己」就好

從迪士尼的動畫電影《冰雪奇緣》熱映之後，社會上一直延續著一股「做真正的自己」的思考風潮呢。我沒看過這部電影，但聽到主題曲之後，我想應該有不少女性（或許也有男性）出現「就是說啊，做真正的自己很重要呢」的想法吧。

話說回來，其實這首歌是出現在電影的前半段。女王艾莎在誤用自己的魔法力量傷害妹妹安娜後，就獨自關在王宮房間裡，直到身邊的人都知道她所擁有的強大力量而懼怕她之後，她遠離了國家、家人和自己的責任，希望「可以做真正的自己」而唱出這首歌。隨著故事進展，艾莎發現她可以不必封印自己的魔法也能與身邊的人攜手活下去，進而從中成長。也就是說，《冰雪奇緣》是個告訴大家「只是做真正的自己沒辦法得到幸福」的故事。接受「真正的自己」有缺點和異於他人的部分是很重要的事情，但並不表示可以任由「真正的自己」放肆。

就跟珍惜自己的個性相同，為了讓彼此關係變好而努力地讓對方喜歡自己，進而認同對方的個性、下功夫讓自己變得更有魅力也很重要。

不用多說，不管是男是女，頂著一頭剛睡醒亂髮的「真正的自己」，很難有辦法得到戀愛機會。帶泥白蘿蔔在農產品直銷所能熱賣，是因為大家都知道「才剛採摘超新鮮」。如果沒有這個前提，就算擺在櫃檯也只會讓人覺得「感覺很不好吃……」，應該不會有人購買。酒店公關穿禮服裝扮自己也是相同道理。不論男女，當你希望他人選擇自己時，都需要做出「看起來真美味」的用心與努力才行。

男與女的HAPPY WORK

打破「維持現狀的偏執」

「首先試著從外型開始改變」

人類有「維持現狀的偏執」，若現狀沒有什麼問題，就不需要採取「改變」這個有風險的做法，這是人類的本能。如果想從這裡跨出一步，不論男女，我建議大家可以從外型開始改變。「換個髮型」、「減肥或健身改造體型」等等，只要改變外型，不僅自己的內在會隨之改變，也能改變旁人對你的印象，能確實提升全新邂逅的機會。

社交障礙者就該照「樣」做起才能順利

我從八王子的酒店開始我的公關人生，在那裡完全複製了頭牌S小姐的待客技巧，把和顧客的應對寫成劇本後成為頭牌，接著升級到銀座的酒店去。接下來也和普通人一樣談戀愛，甚至還結婚了。

就當年那個連在超商打工都會被辭退的社交障礙，沒朋友也沒男友的我看來，這是個難以置信的變化。

否定戀愛攻略書籍與劇本的人會說「戀愛不可能照著指南來」、「每

個人的反應都不同，寫劇本根本沒意義」，但對我這種交流能力低落的人來說，就連「普通對話」都極為困難，因此完全複製成功模式並加以模仿，是唯一能讓事情順遂的方法。

而且話說回來，因為完全不知道自己的溝通哪裡出錯，不知道到底該改善哪一點，所以除了把成功模式當作「樣板」記起來之外，別無他法。只要每當遇到例外反應時，再逐次增加新的應對就好了。

社交障礙者也有自己的戰鬥方法，請別敗給「把戀愛公式化也太奇怪了吧」的意見。

戀愛當然需要擒縱策略！

對自己沒自信的人，不論男女，應該都有藉由向對方奉獻自我、以期待獲得對方喜愛的想法吧，過去的我也是如此。

但對方只會認為「是你自願對我奉獻的吧」，也不少人因「我都這樣犧牲奉獻了，他卻什麼也不願替我做……我好可憐」而產生心病，甚至變本加厲成了跟蹤狂。

如果你想要脫離被對方認為「太沉重了」、「很煩」、「你偶爾也去找別人玩吧？」的戀愛，最好的方法就是在戀愛中施展擒縱策略，自己掌握主導權。

你或許會覺得「擒縱策略!?主導權!?辦不到、辦不到！」但請放心，人類看似會用道理判斷「這個人○○所以我喜歡他」，其實常在無意識中被感情影響判斷。所以藉由「動搖對方情緒＝施展擒縱策略」，可以製造出對方的戀愛情緒。

舉例來說，一般認為談戀愛會讓心情飛揚、讓人情緒高漲是受到「多巴胺」的影響。多巴胺是大腦分泌的神經傳導物質，也被稱為「幸福荷爾蒙」。多巴胺大多在以下情境中大量分泌：

・這個人或許願意給自己好評
・雖然她高不可攀，但或許有辦法追到她
・賭博或許能贏一把
・我喜歡的偶像還不有名，所以我得好好支持他才行

也就是「有期待感」的情境。

期待感越大，就會分泌更多的多巴胺，讓人感到「很爽快」，所以會多巴胺中毒而想要得到更多呢。

也就是說，只要刻意創造出多巴胺容易分泌的狀況，就能確實提升戀愛順利的機率。

舉例來說，不管怎麼追求都追不到公關的顧客氣惱說：「如果妳不和我交往，我就不來消費了。」公關也得要不疾不徐地回應：「我也覺得你別再來會比較好，你在我心中早已脫離顧客的範疇了。」這能讓顧客產生「這樣啊，原來我已經不是顧客，而是特別的人了啊！」的想法，再度拉升期待感。儘管公關都說了「別再來」，這位顧客仍然會繼續上門消費。當認為「追到手了」或是「完全沒戲唱」後，多巴胺就不再繼續分泌，為了煽動「快到手卻還沒到手」的期待感，絕對需要擒縱策略。

男與女的HAPPY WORK

刻意創造「意猶未盡」

「LINE的往來絕對要讓對方畫句點」

「我還想要多聊聊耶……」這種不捨心情會變成對方追求你的原動力，所以傳送LINE訊息時，別讓句點停在自己的訊息，而要在對方回訊後再停止。

因為看不見真心
才不知道該如何應對

我在夜晚的銀座學到，不論男女，「對自己有自信」都很重要，以及「男人和女人的交流溝通方式完全不同」。

舉例來說，慣性外遇的顧客常會用「我和妻子感情不好……」這句話來追求公關，當女孩子認真起來逼迫他離婚時，他又會堅持「雖然我和妻子感情不好，但為了孩子，我不想離婚。」

結果，我在看過許多外遇的場面後感覺到的是，沒什麼比男人口中「我和妻子感情不好」更無法信任的了。而且仔細一聽，男人所說的感情不好，頂多只是「妻子只顧著照顧小孩，不願意以我為優先」、「要是太常在外面喝酒就會被罵」這種小事而已。但女性所想的「感情不好」，一般來說都是關係降到冰點，相當糟糕的狀態，因此會從中產生巨大的誤解及悲劇。

另外，男性常找我商量的其中一個煩惱，就是「明明是她說『都好』，我才隨便選一家店的，但她為什麼又要抱怨啊？」

女性口中的「都好」，真正的意思是「我不知道什麼比較好」、「無法下決定」，因為不知道什麼比較好，總之先說「都好」，但腦袋已經開始思考起「要吃什麼好呢……（並非什麼都好）」。理解這種女性心理，很受歡迎的男性就會繼續提出「義式？日式？」、「能吃飽的？簡單就好？」等容易決定的問題，引導出女性的答案。但不受歡迎的男性就會不開心抱怨「妳明明說都好的啊！」弄僵氣氛，接著就沒有下次約會的機會了……也很常聽見以這種遺憾做結的狀況。

不論男女，想要讓戀情開花結果並持續交往下去，理解對方的場面話與真心話就很重要。只要知道真心話，就不會浪費時間，也不會被對方耍得團團轉。

理解「男與女的真心話」是邁向幸福的第一步

從我從事公關工作到經營婚友社的現在，接觸許多男性與女性後，感覺非常多人都是以下這樣：

- **男性不會察言觀色**
- **女性只是一逕期待「察覺我的心思啊！」**

男性總是會本能地啟動「如果幸運或許能和這個人上床」的天線，所以能立刻捕捉到對自己有好感的訊號。但是除此之外，就算女性千方百計、用盡手段希望男性察覺「希望你可以重視紀念日」、「希望你可以更積極點回ＬＩＮＥ」，男性也完全沒發現。

男性之所以會被很懂得撒嬌的女性任性地直說「我想要〇〇」給吸引，就是因為這樣。女公關為了被顧客喜愛，會故意明確主張自己的意見或明白表現自己的情緒，因為這類型女性對男性來說很好懂，相處起來很愉快。

另一方面，當女性在「要像個女孩子」的教育中長大，導致許多女生其實不擅長說出「我想這樣做」的自我主張，或是直接提出要求。所以連「別光顧著工作，放假時偶爾也帶我出去玩啊」也說不出口。只是一逕希望對方察覺自己的心思，迂迴表示「我朋友〇〇和她男友去夏威夷玩耶」，或不明說理由就鬧彆扭：「反正我對你來說一點也不重要。」

很遺憾，這是個錯誤的戰略。希望男性「察覺狀況」只是浪費時間，不直言自己的要求，他一輩子都不會發現。

不過，只要理解男女彼此這類的真心話，當男性能「努力察覺」、女性也能「努力表達」，就可能讓愛情與彼此關係變得更加親密。

從第二章開始，我將從「戀愛與性愛」、「交流溝通」、「外表與舉止」等角度來進一步說明男與女的真心話，請大家試著實際活用在認識新朋友的場合、約會、和交往對象的相處之中吧。

男與女的HAPPY WORK

催出「本性」

「思考的時間越短，越容易展露本性」

人類只要思考時間夠長，就越能做出理性的判斷；如果思考時間太短，就會以自己原本的本性為基礎下判斷。

「你喜歡A還是B？」、「節儉？浪費？」等等，當你想要知道對方的本性時，可以設下「十秒內回答」之類的時間限制催促對方回答，就能阻止對方算計「這樣回答比較容易留下好印象」，讓對方不設防地透露出本性。

第二章

男與女的真心話
～戀愛與性愛篇～

【本能】男人想要一夜情，女人想要一輩子

對女性來說，這或許不是個令人愉快的話題，但我在夜晚銀座看過的男性，會將女性分為以下三類：

・可愛（想上）
・普通（可以上）
・醜女（上不了）

有「播種本能」的男性，基本上是「想要一夜情」的生物。

而男性最麻煩的一點，就是在一夜情成功到手後，除了開心「我追到手展現自己的實力了」的同時，更顯然有「雖然是我追人家的，但這麼輕鬆就能到手的女人無法當真命天女啊」的失落感，很難確實發展出交往關係。

與之相對，背負在懷孕、生產時有難以行動風險的女性，基本上都以真命天女的女友地位為目標。要是和不負責任、愛玩的人交往，絕對會陷入一個人同時要工作、要做家事，還要帶小孩的偽單親狀態。所以會藉由不輕易交付肉體來提升自己的價值，在競爭中贏得勝利，和誠懇且優秀的男性生小孩。

從一夜情變成真命天女的方法

假設妳答應了男性一夜情的邀約，如果妳想要成為對方的女友，那妳絕對不能自己主動聯絡對方。

明明共度了那麼愉悅的夜晚，但不管等多久都不見他聯絡，經過幾週後終於失去耐性，忍不住傳LINE問他「你在幹嘛？」妳只要這樣做，一輩子不可能坐上女友寶座。即使他因此再度邀妳，也頂多停留在炮友地位。

重要的是，妳要試著站在對方的立場思考。如果妳不是他喜好的女性，在沒收到妳主動聯絡時，他就會直接淡化彼此關係，橫豎都是場不可能會有好結局的戀愛，明快放棄才是聰明之道。

但如果妳是他喜好的女性，他應該會出現「為什麼沒有連絡我呢……我表現得不好嗎？」、「難得遇到喜歡的對象耶，可以就這樣結束嗎？」等心情。

這是因為**在妳採取「不主動聯絡」的行動後，再度提升了妳在他心中一度貶低的價值。**

但是，即使因此收到他的聯絡，現階段還不知道能成為女友還是停在炮友，不能高興得太早。直到他認真展開追求前，就算他邀約也要用「我那天工作剛好可以提早結束，有什麼事嗎？」的感覺應對才是正確答案。

肉食性女公關其實是忠於本能!?

女公關的工作就是要讓顧客窮追不捨，所以不會有太多女生答應一夜情的邀約。雖是這樣說，女公關也是人，也有一些數量的女生和顧客交往後結婚。

另外，也有肉食性女生遇到喜歡類型的顧客時會主動出擊。看她們的舉動，幾乎都是自己邀約後不求回報也不主動聯絡，但就是這種女生才會受到男性熱烈追求坐上女友寶座，真的很不可思議呢。

順帶一提，與人類相近的猩猩的世界中，只要母猩猩不發情，公猩猩也不會發情，交配的主導權可是掌握在母猩猩手上。因為公猩猩沒有看出母猩猩發情的能力，所以發情的母猩猩會用性感的舉止誘惑公猩猩，而被誘惑的公猩猩肯定會回應母猩猩的期待。敢主動的女性，或許更加忠於自己的本能吧。

男與女的HAPPY TALK

千萬不要傳這種訊息給一夜情對象

就算久違收到一夜情男性的聯絡，也不可以這般興高采烈地回訊。這只會讓他認為「啊，或許第二次也能成功。」在能判斷對方有多認真之前，冷淡一點應對，能提高對方展開追求的可能性。

「真開心♡　務必、務必拜託了。」

「好久不見！我們現在一群人在聚餐……」

要是你傳了這樣的LINE或短訊給很久沒聯絡的一夜情女性，對方會立刻察覺「只是因為和朋友玩得很開心才連絡我」，所以至少要以「我一直把妳掛在心上，但因為很忙沒聯絡妳，真的很對不起」之類的道歉語句作為開頭會比較恰當。

【理想的戀愛】男人想成為「第一個男人」，女人想成為「最後的女人」

我在銀座時代最有感觸的就是「男性比想像中還要來得心思細膩！」

所以當我陪女公關同僚一起去男公關俱樂部時，嚇了一大跳。男公關們會刻意讓客人看見他們在其他桌玩得很開心的樣子，煽動女性顧客之間的嫉妒心，讓她們彼此競爭，「我開了更貴的香檳耶，再陪我久一點啦」，用這種方法做生意。但這種待客方法絕對不可能在銀座的俱樂部出現。

要是用這種方法，顧客會產生「客人原來不只我一個啊……」、「原來我不是特別的存在啊」的想法，心靈會因此受創再也不上門消費。女公關就算會煽動顧客的嫉妒心，也絕不會用與其他顧客比較的方式。

就算是高優質男，也害怕與他人比較的可能性！

我印象最深刻的，是一位經營很多家公司、看起來自信滿滿、在店裡老是不停抱怨他考大學失敗的顧客。他已經是個相當成功的人士，和他從哪間大學畢業早已毫無關係，但這件事仍是他心中過不去的檻。

男性常會被身高、年收、職業等簡單易懂的要素來評斷，而且只有極小一部分可以當上第一名。或許就是因為如此，他們常常害怕「和誰相比較後輸掉了」的可能性。

如此一想，也能理解男性為什麼會喜歡年輕女性。不僅能成為「第一個男人」的可能性高，可以被比較的男性樣本數也比較少，所以可以安心地和年輕女性在一起。

儘管程度有別，但男性想在女性身上得到的，無庸置疑就是「這還是我第一次碰到呢♡」這類處女性。男人其實並不想被人知道自己令人意外地笨拙，所以也不會公開表示。然而，這就是男人說不出口的真心話。

所以，當女性被問到過去的戀愛經歷時，建議別口無遮攔地全盤托出會比較好。就算以黃色話題反擊，也要用「很害羞的態度」，這才是聰明的應對。

「不想失敗」的女性，重視男性的經驗值

另一方面，一般來說，大多女性會覺得比起沒有戀愛經驗的男性，經

驗豐富且能擔當護花使者的成熟男性更有魅力。最近的觀察發現，經驗豐富的年長女性與年輕男性的組合也逐漸變多了，但果然還只是少數。**比起喜歡的人曾有怎樣的過去，女性更希望可以成為對方眼中「能讓我如此著迷的只有妳一個」的特別存在，想成為「最後一個女人」。**正因為女性在經歷懷孕、生產時得承擔風險，為了避開錯誤對象，就有仰賴對方經驗值來判斷優劣的傾向。

我剛剛提到的，發生在男公關俱樂部裡的女性間的戰爭，也是想爭奪「最後的女人」的寶座。「要和指名男公關一起唱最後一首歌*的是我」的想法，讓女人們展開鬥爭。

所以男性邀約女性約會時，絕對要做好預習與事前調查。若經驗不足，可以透過掌握路線與店裡的狀況來彌補，沒必要過度打腫臉充胖子，但也千萬別忘記「能做的事全都要做」。

***最後一首歌：**結束營業前，當天營業額最高的男公關，會和貢獻營業額的指名顧客一起唱卡拉ＯＫ。

男與女的HAPPY TALK

想讓對方開心時

就算是曾經去過的店家也要這樣說才是正確答案。女公關在開店前與顧客同伴*時，很常去同一家店，但每次都會說這句話。女人就是演員。

「這還是我第一次呢♡」

「能讓我這麼喜愛的只有妳一個。」

讓對方感覺自己是獨一無二的特別存在，是讓想成為「最後一個女人」的女性喜悅的重點。

*同伴：女公關和客人在外面吃完飯後，再一起進店喝酒。女公關能賺到同伴費與一頓免費的美味大餐。

【理想的對象】

男人喜歡「可以炫耀的女人」，女人想要「自己喜好的男人」

或許會令人感到意外，其實銀座的俱樂部也會有前酒店女公關及酒店經營者等，也在相同領域工作的女性客人來光顧。

聽男性們及女性們聚在一起談論關於理想的異性時，就會知道兩者想法明顯不同。

男性簡單來說就是「○○主播很棒呢」、「空姐也很性感呢」、「我喜歡○○模特兒」，很不可思議地會把女生們的名字連同職業一起說出來。如果席間有男性不喜歡這種廣受歡迎的類型，而是偏好胖胖的女生或有點陰沉的女生，他們就會被調侃或揶揄成「專愛胖子」、「嗜好還真特別」。

正如同把「跟周遭所有人都認同的美女結婚」當作成功證明而延伸出「獎盃妻子」這名詞一樣，有不少男性並非以自己，而是以他人的目光為基準來選擇女性。許多成功者反覆結婚又離婚，或許其中一個理由就是因為他們不是根據個性適不適合，而是以身邊人怎麼想為基準去選擇對象。

相較之下，當女性談論理想異性時，「我喜歡手漂亮的人，男演員〇〇彈鋼琴那一幕正中我心啊！」、「我喜歡可以和我聊書，喜歡閱讀的人」、「我只喜歡有肌肉的男人」等等，會很開心地談論自己的喜好，然後彼此共鳴「我懂妳的心情！」。就算彼此喜歡的類型不同，也絕對不會調侃對方的喜好。

當然也有重視「身高要一百七十五公分以上」、「年收八百萬日圓以上」等優質條件的人，但那頂多只是第一次選擇時的基準，女性會想從通過這個關卡的人之中選擇自己喜歡的男性。

女性是用「一起生養孩子的對象」的目光來看男性，所以不管對方多受歡迎，只要自己不覺得好，就不會多看一眼。

這樣說起來，曾經有個女公關前輩和一位人人欣羨的高優質男性訂婚，卻在結婚前夕解除婚約，她的理由是「十指交扣牽手時，他的關節一直卡到我的手，讓我很不舒服」。

或許會有人覺得「只因為這種理由!?」，但對那位前輩來說，互相碰觸時無法得到舒適與安心感是個很嚴重的問題吧。**女人就是忠於自己的喜好、無法忽視微小不對勁之處的生物。**

對男性要用「我和男友感情不好」，
對女性要用「共鳴」來拉近距離

如此一來，想要攻陷男性，最好的方法就是提升自我價值。而其中效果最好的，就是成為已經獲得其他男性認可的「有男友的女性」。只不過，如果和男友總是很恩愛，也不會讓對方採取攻勢，所以藉由「感覺最近處得不大好」讓對方感覺有機可乘，就有可能引起對方興趣。

現在沒男友的人，不明確表示自己有沒有男友也是個方法。這種含糊的狀態也是個讓男性展開追求的關鍵。

想攻陷喜好細分的女性不容易，我推薦可以用「共鳴」當作起頭。如果只是靜靜聽對方說話，比較容易會讓對方感覺到「你是不是很無聊？我們可能聊不大起來……」

「我對這些事情完全不了解，但我覺得妳那種想法很棒呢。」

請試著像這樣展現自己有所共鳴的心情，首先以進入對方的戀愛對象範疇內為目標吧。

男與女的HAPPY TALK

想拉近和喜歡的人的距離時

表現出「有男友＝已經有人選擇的有價值女性」，利用「最近處得不大好」令人感覺有機可乘，就能創造出讓對方展開追求的機會。

「我最近和男友處得不大好……」

「我覺得妳那種想法很棒！」

面對喜好分得很細的女性，若難以掌握怎麼做才會令她動心，可以先從展現出共鳴的態度開始，拉近彼此的距離。

【戀愛態度】男人追求純愛，女人追求灰姑娘童話

每個人在戀愛中追求的態度各有不同，有人希望彼此是對等的同儕關係；也有可以接納對方任性一面的母愛、父愛類的關係。其中也有師徒關係般的男女，也有人喜歡互相提升彼此、追求成長的交往關係。

雖然這樣說，但我認為其中還是有男女差別。

我是個澈澈底底宅宅個性的人，**所以會透過扮演各種不同的女性角**

色，試探男性顧客對怎樣的戀愛態度感到舒適，來尋找他們的喜好。舉例來說，像是這樣：

．「清純純愛」類型

一定要記得認識的日期，利用「我們已經認識半年了」、「已經一年了呢」表現特別感。盡早問出生日，絕對不能錯過紀念日，建立一整年的計畫展現攻勢。

．「高高在上女王大人」類型

賣點就是態度強勢，香檳也是一句「沒意見吧？」一瓶接一瓶開，高高在上的待客類型。

．「母愛」類型

說話速度及話題推移迅速。把每個人「設定為情人」，將距離感縮短到三十公分內，拿濕毛巾替對方擦臉、餵對方喝飲料等等，偶爾也會責罵對方。

「高高在上女王大人」類型會帶給顧客很大的負擔，所以沒辦法長久維持。我曾經讓一位年收四百萬日圓的顧客一個月就花了兩百萬日圓，結果他再也沒上門消費了……真的相當不好意思。「母愛」類型在八王子工作時相當好用，但在銀座喜歡輕鬆對話的顧客比較多，所以最後只剩下「清純純愛」類型了。

雖然平常因為「不想被瞧不起」而絕對不會說出口，其實男性不管多遊戲人間，不管看起來多冷酷，都非常喜歡純愛。幾乎沒有顧客可以從這招純愛攻勢中逃脫。

令人臉紅的純愛台詞意外地容易刺中男人的心。

順帶一提，接下來介紹的是我實際傳送給顧客的訊息。

- 「我剛剛想著和你共度的這一年喔。能認識得以信賴的伴侶，我真的好幸福。一年前還難以想像我會如此單純地想念一個人，一想到你就覺得好溫暖。真的很感謝有你讓我能品味這樣的心情。第二年也請多多照顧喔。」（認識後一周年紀念的訊息）
- 「我想了很久……跨越十二點的瞬間很重要，所以不是很想和客人共度。」（邀請對方來店裡參加跨年活動時）

看在女性眼中或許會覺得「就只是攬客訊息」，但男性即使知道這是攬客訊息，還是會想：「她或許是真的喜歡我呢。」

那麼，女性又是如何呢？

女性基本上非常喜歡灰姑娘童話，夢想和王子有命運般的邂逅，雖然程度各有不同，但我想應該所有女性都曾有過類似的想像吧。

到目前為止，我看了非常多部韓劇來當作戀愛及女公關工作的參考資料，「命中注定的邂逅」果然是經典中的經典。年幼時相遇的男女，在長大成人後命中注定再度邂逅，多次在路旁或是店裡巧遇，逐漸縮短彼此距離。連續劇的主要觀眾是女性，有如此多命運邂逅的安排，自然而然可以想像這果然是女性憧憬的投射。

即使理智明白現實生活中很難出現這種戲劇性的邂逅，但如果恰好有許多共通點，或是正想著要聯絡時就收到對方的ＬＩＮＥ，就會產生「他或許是我命中注定的對象」的心情。

男性對坦率的感情表現感到喜悅，女性對命中注定心跳加速

所以說，如果妳不清楚對方的戀愛態度，與其扮演很會玩的優質美女，扮演真摯喜歡對方的純真女性才是正確答案。

具體來說，建議大家感動、開心、喜悅時一定要把想法說出口，直率地表達情緒。男性不擅長察覺對方的心情，他們會認為女性明確表現情緒的直率這點等同於純真。

順帶一提，為對方犧牲奉獻，總是只想著對方的行為並非純愛而是執著。請擁有自己的世界，然後在與對方相處時全心專注在眼前的對象上。

想讓女性覺得自己是「命中注定的對象」，決勝關鍵就在共同的話題中展現「我懂、我懂！」、「就是說啊！」等有共鳴的一面，看對話能聊

得有多熱絡。

在ＬＩＮＥ上面，傳送訊息的間隔（立刻回訊，或是三小時一次往返）、貼圖與標點符號的用法、文章長短與換句方法等等，盡可能配合對方傳訊的習慣，以讓對方感覺「總覺得這個人和我好像」、「很好聊」的內容為目標吧。

男與女的HAPPY TALK

想提升對方好感度以成為戀愛對象時

只說「很好吃」也可以，如果再加上一句「是因為和你一起」，就能讓他心跳加速。

「很好吃！是因為和你一起吃的關係嗎♡」

「我也這樣想，我們一樣呢！」

藉由讓對方感覺彼此的相似點很多，就能讓對方產生「有這麼多共通點，他或許是我命中注定的對象」的想法。

【桃花】男人的桃花取決於「行動速度」，女人的桃花取決於「給予」

常有女公關晚輩找我商量「我沒收到顧客的LINE回訊」。但基本上很少有顧客會正經八百回覆這些攬客訊息。

正因為如此，紅牌女公關絕對不會大量傳送相同內容，而是以顧客在店裡聊天的內容為基礎，思考讓顧客上門消費的文章，其中也有顧客會積極回訊。

這類顧客有個共通點。

那就是許多人都非常受歡迎。雖是如此，說句有點失禮的話，他們也並非有出色外貌或有雄厚財力。但他們有個超越其他男性甚多的能力，那就是**「行動速度相當快」。**不僅回LINE訊息快，當對方講起熱映的電影時也會立刻說：「那我們一起去看吧！」轉眼間已經開始安排彼此行程，立刻決定好哪天去看電影。**因為絕不會放過時機，也自然能得到許多戀愛的機會。**

真正受歡迎的女性不是光只受男性追捧！

聽到受歡迎的女性，你可能會浮現「廣受男性追捧，在高級飯店裡享用豪華晚餐……」之類的印象，但這是個天大的誤會。

真正受歡迎的女性，不會只是一逕享受男性的服務，也會「給予」。

舉例來說，在我們店裡被稱為「傳奇女公關」的前輩，成功得到了經營好幾家年營業額超過一百億日圓公司的實業家妻子寶座，但她不是光會依賴丈夫，還自己出手美容、保養相關的企業經營，自己也成為一個經營者。她同時致力於志工服務，是求上進的女公關晚輩們的崇拜對象。

活躍於《復仇者聯盟》系列、被譽為好萊塢數一數二受歡迎的女星史嘉蕾．喬韓森（Scarlett Johansson），也透過慈善團體宣布自己的第三段（！）婚姻，藉此幫忙募集送糧食給高齡者活動的善款。

不求回報的行動可以打開對方的心胸與錢包

只會讓人奉獻的女性，絕對贏不了願意行動、不求回報的女性。我剛從事女公關時，是採取只追求營業額的待客模式，但當我發現強迫顧客花錢會讓他們不再上門消費後，我開始寫信、送禮物，隨時關心顧客，希望能建立起真正的信賴關係。在我這樣做之後，從八王子換到銀座工作時，還有五十多位顧客跑來我銀座的店捧場，讓我相當開心。我也還有許多地方需要多學習，反正都要學習，就想要以規模更大的受歡迎為目標呢。

男與女的HAPPY TALK

當你想增加戀愛機會時

不是等待對方為自己做什麼，而是自己主動說話與積極感謝對方，這會為戀愛與工作帶來意想不到的良好影響。

「總是很謝謝你，多虧有你，我每天都過得很開心。」

「那我們一起去吧？」

當聊天話題出現電影或當紅景點時，順勢自然地開口邀約吧。不需要思考對方會不會覺得奇怪，或是被拒絕了會很丟臉等等。迅速的行動能為你帶來戀愛機會。

【初次見面】男人喜歡有女人味的女人，女人喜歡外表乾淨的男人

不須多言，認識瞬間的第一印象將大幅度左右接下來的戀愛。

我剛開始從事這份工作時，因為很在意自己的身高所以總是穿低跟鞋，但卻常常遇到顧客只是稍微看了我一眼就說「換人」，連讓我說一句話的機會也不願意給。在我看了許多書學習、聽從旁人建議換上高跟鞋，並穿上大方露出前胸的禮服後，指名我的顧客也逐漸增加。

當然也因為我在對話和舉止方面下了一番功夫，**但外表、第一印象帶**

來的效果很大。男性無庸置疑追求「明顯很有女人味的女人」，長髮、展露身體線條的服裝、高跟鞋準沒錯。

男性會特地到銀座來花大錢，為的就是養眼，以及還抱著「幸運的話還想要追到手」的想法。

只不過，銀座的俱樂部裡確實比較少看到留著短髮的女公關，但街上四處可見短髮美人，也有即使身穿寬鬆、看不出身材線條的衣服卻仍帶有時尚感的女性。

那為什麼男性喜歡長髮以及展露身材線條的服裝呢……這讓我感到很不可思議，進一步查資料的結果，我得知這似乎與利用達爾文的演化論來研究心理作用的「進化心理學」有關。

男性天生喜歡：

- **年輕**
- **長髮**
- **細腰**
- **豐滿的胸部**

就是這些最常見的要素，這些是可以生下健康孩子的指標。舉例來說，頭髮一年約可長長十五公分，留到後背的長髮約六十公分，代表過去四年的健康狀況全都反映在頭髮上面。

「有洗澡＝乾淨」是錯誤想法！

至於女性，第一次見面重視的是「乾淨」，這是唯一選項。

國內外做過各式各樣「不受歡迎男性的相關調查」，不管哪項調查，「感覺不乾淨」毫無例外都是各項調查的榜首。**女性常掛在嘴上的「生理上無法接受」，換句話說就是在講「不乾淨」。**若你想要通過第一道關卡、對女性進入到約會階段而不會讓對方用「生理上無法接受」的理由打回票的話，那麼「乾淨」就是最大的武器。

只不過，「乾淨」這名詞定義含糊不清，很難讓人有具體的印象，大多數的男性都只認為「我有洗澡，這應該就沒問題了吧？」

極端一點說，就算你一天不洗澡，只要身穿燙得筆挺的襯衫，就能散發出「乾淨」的感覺；但即使你每天都好好洗澡，只要穿上皺巴巴的襯衫，乾淨感瞬間歸零。

乾淨的感覺無法自然散發，而需要自己創造。

我在 YouTube 上傳了教導男性如何受歡迎的影片，但就算我說乾淨感很重要，都會有人留言「但這招只對帥哥管用吧」，這讓我感到相當遺憾。天生麗質的帥哥只有一小部分，只要你願意琢磨外貌，絕對能得到好結果。

想突破第一道關卡，女性要穿高雅、有女人味的衣服，男性要修剪指甲

女性想要在第一次見面時引起男方興趣，就用「長髮、暴露身體曲線的衣服、高跟鞋」簡單明瞭地展現女人味。但要多加注意的是，暴露身體曲線的衣服如果選擇超短裙或胸前大開的衣服，只會顯得下流，是NG選項。選擇用蕾絲設計出部分「若隱若現」的衣服，或者可以清楚看見腰部線條的收腰洋裝吧。

平常老是穿牛仔褲和運動鞋的人，在交往一段時間後，男性也會開始

接受妳平常的打扮風格，所以就**把一開始當作「角色扮演成有女人味的人」，以突破第一道關卡為目標吧。**

而男性想帶給女性好的第一印象，就需要重視以下這些部位的清爽乾淨：

- 鬍子
- 頭髮（是不是睡亂了沒梳理、會不會太長）
- 鼻毛
- 體味
- 口臭
- 服裝（有沒有皺褶、合不合身）
- 肌膚（有沒有好好保養）
- 指甲

女性會特別仔細觀察男性的指甲與手指。話說回來，女性的性器官是「接納」，所以會特別重視前端。女性會將把手指打理得很乾淨的男性，判斷為「細心體貼」的人，指甲太長的人，一瞬間就會被排除在戀愛對象範疇外。所以還請每三天確認一次，並將以下四點成套養成習慣。

①剪指甲
②銼磨指甲
③勤洗手
④擦護手霜

男與女的HAPPY TALK

想誇讚外貌時

許多男性都不怎麼講究服裝或髮型，所以有時真的很難誇讚外貌。這種時候說「你的手真漂亮」等等，找一個部位來誇獎也是個可行的方法。

「你的聲音真好聽。」

「沒有沒有，妳真的很出色！」

第一次見面誇獎女性時，大多都會得到「沒有沒有，你過獎了。」的謙虛回應，但這只是想確認你說的是不是真心話。所以一旦開口誇獎了，就要負起責任誇獎到底。

【約會】對男人來說是比賽，對女人來說是評審會

對男人來說，約會就是比賽。在正式比賽當天前和對方商量決定好店家、訂位，有時還要先去踩點。或許也有男性抱著「然後可以的話，想和對方牽手、親吻……」這種想法吧。

努力找結婚對象的男性最常發生的狀況，就是太急於要有結果，把和對方的約會當成一次決勝負的比賽看待。約會頂多只是用來了解彼此、建立信賴關係，確認是否能從對方身上感受到異性魅力的場合，並非一次決

勝負、定輸贏的地方。

外表的魅力能在一瞬間判斷出來，但信賴需要從點滴累積中建立，所以若只約過一次會就逼問對方「我可以成為交往對象嗎？」可不是個聰明行為。

相較之下，對女性來說，約會就是一場評審會。對於懷孕與生產時間有限的女性，完全不想浪費分秒光陰，因此女性會透過約會中的言行來觀察對方是否體貼、能否依賴，進而看清楚是不是適合交往的對象。

我推薦吃飯約會的理由

若想要和抱著參加比賽的覺悟而幹勁十足的男性共度愉快時光，我推薦妳可以提議吃飯約會。

心理技巧中，有個一起共進美味餐點、容易帶給對方好印象的「午餐技巧（Luncheon technique）」。基於「聯想律」原理，會無意識中將原本無關的「用餐」與「對方的印象」相連結。

進食中會把意識擺在嘴中的感覺，這使得理智判斷能力變得遲鈍，所以就算妳做出了和他理想有所出入的言行，他也容易接納。

加上吃美食會讓人產生快樂情緒，也就容易樂觀看待用餐中的對話，「這段話真有趣」、「這個人真不錯」等等，對話的內容與給人的印象很可能會增加兩、三成的魅力。

我每天都會安排上班前和顧客一起吃飯，也是因為一起用餐可以拉近彼此距離，讓他更願意聽取我的要求。

邀約女性時，別使用「約會」這個詞

另一方面，為了要通過女性嚴厲的審查，決勝關鍵就在一開始的設定。邀約女性時，別使用「約會」這個詞，請試著用「要不要一起去吃飯？」、「要不要去看電影？」來邀約。

多數女性會把男性的約會邀約與「男性會當個帥氣的護花使者」自動畫上等號。期待提升後，對男性要求的基準自然也會跟著攀升。為了不要自己加高門檻，千萬要多加注意「約會」這個詞的使用時機。

另外，第一次約會時，比起「被喜歡」，「不被討厭」更為重要。下列這些行為絕對NG：

・沒有前兆突然用裝熟口吻說話

・用「妳這女人」稱呼對方

・不自己主動開口說話

・滿嘴抱怨

・不停詢問居住地點、過去的戀愛經驗等過度干涉私領域的問題

男與女的HAPPY TALK

約對方吃飯的方法、應允的方法

「真開心你約我♡」這種說話法也可以，但在句子裡加上「我也」更能表現出真實感。

「我也一直很想要去呢♡」

「妳有不敢吃，或是要少吃的東西嗎？」

許多女性可能正在減肥，或是對飲食有許多注意的地方，最好先問對方有沒有不敢吃的東西，用這種問句就能問出對方「希望盡可能別吃到」的東西。

【禮物】男人重視「物品」，女人重視「心意」

不論男女，應該都曾遇過「自己努力挑選了禮物，對方卻完全不拿出來用」的狀況吧。我對此感到很不可思議，查資料之後才知道，這**在腦科學中被稱為「感性會對與自己完全相反的對象發情」**。

不管什麼生物，基本上都擁有「只對生殖適性好的基因主發情」的機制，我們會無意識透過膚質、頭髮、骨骼、舉止、聲音、接觸的感覺、氣味等各方面蒐集各種基因資訊。

其中，**屬於氣味物質的費洛蒙，已經被證實免疫基因與其氣味的種類有一致性，聽說人類會被「擁有和自己完全不同免疫基因的人」吸引。**確實如此，如果與對同一個病毒抵抗力弱的人相結合，人類或許會因此滅亡。人類自古以來，應該是以生物多樣性的理論為基礎，而不停增加免疫的多樣性吧。

所以這樣說起來，互相吸引的男女會彼此不同調也是理所當然，會感到喜悅的禮物，也有男女性別上的差異。

男性重視結果，只要能得到想要的東西，不管是怎樣的形式都能滿足。因為直接將禮物視為對方展現愛情的一種表現，即使女友送的東西不符自己的興趣，就算只是替衣櫥增加戰利品，也肯定會產生幸福感。雖然女性常會抱怨「我特地送的耶，他都不拿出來用」，但他確實感到很開心，所以妳也不需要擔心。

另一方面，女性重視過程，希望透過禮物感受「對方有多重視自己」，所以聽到「妳想要什麼？」只會感到無趣。女性會從「妳那時有說，妳想要吃那個限定的巴斯克乳酪蛋糕對吧？」這類記得自己曾說過的話，還特地去排隊買到手的行為中感受愛情。

男性想要什麼，最好的方法就是直接問

送禮給重視結果的男性時，直接問「你想要什麼」也可以，如果想要自己挑選，選擇他常用品牌的物品，或是和他的品味風格相近的東西，就能提高他拿出來用的可能性。

我也會定期送禮物給顧客。常去不同俱樂部消費的顧客，也會收到其他店的女公關們送的禮物，所以大同小異的禮物不可能讓顧客留下印象。如果沒辦法留下印象，就等於優先順序會被往後排。女公關是銷售人氣的職業，最需要避免這件事發生。所以不只一定要附上手寫信，禮物也不全是市面銷售的商品，我還會把和顧客的合照做成相簿送給他。累積了兩人回憶的相簿，是拿來展現特別感的最佳禮物選擇。

順帶一提，心理學已經證實，無論異性還是同性，只要一起拍照就能提升親密度，所以約會時請盡可能一起拍照喔。

送女性禮物當屬「你竟然如此看重我啊」的東西

送禮給重視過程的女性時，線索就隱藏在日常對話和她的社群軟體帳號中。請試著以此為基礎，挑選她會感覺「這是為了我精心挑選的禮物♡」而感到喜悅的東西。

另外，生日送「包包」，聖誕節送「首飾」等，送固定類型禮物也是一個方法。如此一來，她可能會不經意透露「我今年想要這個耶」。

再來，要推薦一個小技巧給女性，如果妳有想要攻陷的對象，就算是小東西也沒關係，設計出讓對方有辦法送什麼東西給妳的情境，可以讓戀情更容易開花結果。

因為人都有「禮物＝送給喜歡的人的東西」的刻板印象，「我都送禮物給她了，她肯定對我來說很重要」，對方的感情會受到自身行為的影響而產生錯覺。

男與女的HAPPY TALK

送禮時的對話

和重視挑選禮物背後過程的女性不同，重視結果的男性會給予物品本身正當的評價，所以直接問他想要什麼也不會被討厭。

「你生日有想要什麼禮物嗎？」

「這個，是妳之前提過想要的○○。」

如果你記得她在對話中提過的東西並買來送她，女性肯定會感動「你還記得我說過什麼話啊。」

【愛情】男人重視行動，女人重視言語

男性容易認為傳LINE或是週末去約會本身就是種愛情表現，以為自己都花了這麼多時間、金錢與勞力了，當然很愛對方，對方肯定也能理解。**另外，男性也認為「性愛＝愛情」，是種沒有性愛就無法感受對方愛情的生物。**

對不擅表達感情的男性來說，他們超級不擅長讀取或察覺女性的心情。正因為如此，才會想透過對方的行動與對方為自己的付出來確定愛情，自己也透過行動表現愛情。

但男女在此有個很大的差異。女性是從言語中感受愛情的生物，男性可能會對「努力擠出時間來約會」感到滿足，但比起這個，女性更會因為「我愛妳喔」、「妳看起來很沒精神，還好嗎？」等短短的一句話而開心。

而男女公關就是利用這類男女特性的高手。

因為男性重視行動，我除了開店前約顧客「同伴」外，就算只是上班前的五分鐘、十分鐘，也會盡可能多和一位顧客一起喝個茶。只要多增加一點在店外見面的時間，就能讓顧客感覺自己很特別，問顧客「和我見面聊天的時間，對你來說是怎樣的時光呢？」讓顧客自己說出有好感的話，就能更加穩固彼此的關係。

當顧客說出「私底下見個面吧？」時，也可以順勢表達「我們不是也會私底下去喝茶嗎？原來你完全不懂我的心情啊。我才不會和一般客人做這種事耶……」十分鐘的午茶時光，除了能讓對方有所期待外，也可以成為固守私生活分界的盾牌。

男公關會用「我可以對妳認真嗎？」、「非妳不可」、「別看我以外的人」、「我們要一直在一起喔」等甜言蜜語來抓住女性顧客的心。這是因為他們澈底理解女性重視言語的心理。

男性要看「是否會主動來見面」，女性要看「有無性愛」

如果他願意花時間、勞力和金錢在妳身上，就算不會甜言蜜語也不需要擔心。想知道不擅表達感情的男性有多少愛情成分，與其逼問他「我對你有多重要？」我更建議可以關注他的「行動」。空頭支票要多少就能開多少，所以關注他所說的話，反而會讓妳無法看見真相。

男性真心愛上一個人時，會自己擠出時間來見妳。如果他老是要妳去找他，非常遺憾，妳對他來說只是個「方便的女人」，大多只是想做愛而已。

女性就是想聽甜言蜜語，所以男性請試著努力用言語表達愛情。如果覺得直接說很害羞，也可以透過ＬＩＮＥ或手寫信。

想知道女性的愛情有多深，就請關注「有無性愛」，女性的性慾是與感情相連結的。從「受到男性珍重對待」的感謝心情會轉變為強烈愛情，且想要有進一步的肉體關係。所以若沒有性愛，也就表示還沒產生強烈愛情，或者還有感情上的疙瘩。如果對方說喜歡你卻沒有發生肉體關係，那或許該懷疑對方有多認真會比較好。

男與女的HAPPY TALK

該怎樣試探對方有多認真

如果真的對妳有愛，絕對會聽妳的請求。如果老是把妳找去，就很可能只是和妳玩玩而已。快刀斬亂麻才是聰明選擇。

「來見我嘛♡」

「今天住下來吧。」

即使你如此邀約，她還是避開肉體關係，有可能對你不滿，或根本不是認真的。如果你心裡有底，就要盡早試探她哪裡不滿，並積極改善。

【性愛】男人用來追求快樂，女人用來確認愛情

男女對於性愛的想法也大為不同。

男性因為可以隨心所欲行動，容易得到快樂，所以有許多人只想要做愛，也喜歡做愛。另外，有人是為了滿足控制慾及獲得認同的慾望，也有人認為和女友做愛是義務而進行。

女性如果想利用性愛來看穿男方有多認真，可以關注在性行為後，也就是所謂「聖人模式」的時間。男性結束性行為後，會出現發呆的生理現

象，或是找回冷靜後，突然開口說出真心話。男性也對這點有自覺，所以會注意不在真命天女面前，表現出自己真實的一面。如果從他聖人模式中的言行感受不到體貼，妳就該懷疑他的愛情是否認真。

女性基本上比較偏向被動承受的角色，所以在性愛中也會特別在意男性感受。所以當她說出「有點痛」時，實際上是相當痛了。男性要記得在性愛中開口問她是否在忍痛。只不過，過程中的「不行啦」、「住手」有九成九都是場面話，真心話是「再多一點」，所以千萬別當真並停下來喔。

男與女的HAPPY TALK

做愛中與做愛後

「你會口渴嗎？」

進入聖人模式的男性，最好的對待就是置之不理。問完必要的問題後，就放任他發呆吧。

「會不會痛？」

性行為很容易由男性主導，女性難以開口提出要求，所以要隨時問句「會痛嗎？」關心女方。

【劈腿、外遇】

男人把劈腿當副業，女人把劈腿當換工作

對男人來說，劈腿、外遇就跟副業差不多。只要不被拆穿，大多數的人都想魚與熊掌兼得。

公眾人物的外遇事件連日攻占新聞頻道，「什麼!?他明明有那麼漂亮的老婆耶?」、「事業家庭兩得意的人，為什麼啊?是有哪裡不滿?」或許很多人這樣想，但即使和女友或妻子的性生活美滿，也有許多男性會劈腿、外遇。

對男人來說，「劈腿、外遇及性愛≠愛情」，大多與獲得認同的慾望、控制慾等因素有關，所以把外遇對象和家庭分開思考的人也很多。追求女公關的已婚顧客就是這種類型，男性只要有一定程度安定的職業，收入增加後就容易劈腿、外遇。

女性就算劈腿，也很常見和男友分手後，就直接和劈腿對象交往甚至結婚的例子，改變交往對象就跟轉換職場沒兩樣。和那些與交往對象或妻子沒有不滿卻會劈腿、外遇的男性不同，女性在精神層面對男友或丈夫不滿足，感到強烈不安時就容易劈腿、外遇。

一到週末就聯絡不上男友，不願讓自己到他家，不願意透露他住在哪，這種時候妳很有可能已經被對方當成「副業」了。這是透過交友軟體認識的人最常見的狀況，請務必千萬小心。

・討論將來的夢想或計畫

・一起外出創造回憶

如果對方無法像這樣和你建立起共享「未來」與「過去」的關係，只願意停留在「當下」，長久交往也只是浪費時間，請拿出勇氣斬斷這個關係。

男與女的HAPPY TALK

該怎樣看穿劈腿

如果他很慌張或勃然大怒，有很大的機率有問題。一般簡單回答「我沒有啊」的人，不是真的沒做，就是玩很兇的人。

「你劈腿了對吧？」

「妳最近變得很會打扮呢。」

試著用這句話試探她吧。如果有問題，她很可能會因為「我明明努力隱瞞了，該不會被發現了吧!?」而慌張。

第三章

男與女的真心話
～交流溝通篇～

【對話】男人單刀直入，女人拐彎抹角

「你為什麼不懂我？」女性突然生氣，或是突然不高興、沉默不語。男性應該至少有過一次對女性的這種態度抱頭苦惱「到底發生什麼事情了啊!?」的經驗吧。

女公關知道男性會對這種態度感到困惑，所以會故意單刀直入說話。但女性基本上是希望對方自行察覺的生物，因為害怕直接要求會遭到拒絕，所以會故意拿希望對方為自己做的事情提問，或者實際為對方做，然後希望對方察覺。

女性自己是察覺狀況的天才，所以會認為對方當然也要這樣做。女性的察覺能力高，是為了要剔除表面真誠，實則為愛劈腿的人，或是很不會狩獵的雄性動物，所以這算是雌性動物為了找出優秀的雄性所驅使的本能觀察力。

話說回來，不管女性打出多少暗號，關鍵是：男性卻完全沒有察覺。約會途中如果聽見女生問：「會不會肚子餓？」就代表「我肚子有點餓了，想找家店坐下。」的意思。男生卻回答：「不，我還不餓。」甚至常見絲毫不在意的人，這樣保證你會惹女生不開心。

為什麼男性會如此不擅長察覺狀況呢？這果然還是起因於「沒有懷

孕、生產風險的雄性動物，沒有篩選雌性動物的必要性」，因為沒必要嫌棄髮型、嫌棄妝容等等在雞蛋裡挑骨頭，也就無法磨練觀察能力。

對不擅察覺的男性要直白，對女性要表達歉意

面對察覺能力低落的男性，不管妳為此感到多麼煩躁不堪，都只是浪費時間。舉例來說，問臥病在床的妻子：「吃飯了嗎？」的丈夫，從男性特質來看，他真的只是「直接確認事情而已」，妳在此時就不應該生氣、要他自己察言觀色，而是該具體說明「我不大舒服，你可以幫忙買些吃的回來嗎？」他就會乖乖去買東西，男人就是這種生物。

女性認為「察覺＝愛情表現」，所以「不被察覺」這件事比男性想像的還要傷女性更深。請千萬別說「妳要是有說出口，我就會替妳做了

啊」，而要用「我不了解妳的心情，真的很對不起」表達歉意，這樣就能避免不必要的爭執。

女性若能自己放下「察覺＝愛情表現」的想法，就能減少很多壓力。在銀座的店裡，大家都知道「暗示顧客、期待對方能了解自己意思」是不可能的事，所以在希望對方離開時，也會明確開口拜託：「我今天已經先有約了，可以請你離開嗎？」另外，若希望對方可以指名自己坐檯時，也會明白跟對方請求：「我想要和你再多聊聊，可以請你指名我嗎？」

如果妳想讓他說出「我不了解妳的心情，真的很對不起」，就可以養成在他睡過頭或是忘東西時說一句：「我都沒有發現，真的很對不起喔」的習慣。

男與女的HAPPY TALK

想避免彼此心情互有出入時

與其生氣對方「為什麼沒有發現啊？」，倒不如反覆在男性失敗時說出這句話，就能把這句話刻進他的心頭。

「我都沒有發現，真的很對不起喔。」

「我不了解妳的心情，真的很對不起。」

沒辦法得到男性察覺，會讓女性很受傷。男性在想著「妳不說，我就不可能明白」否認之前，最好要先道歉打圓場。

【眼神交流】男人拿來展現自信，女人拿來表現破綻

據說人類一旦一見鍾情，就會無意識地注視對方五到七秒。遇見喜歡的人，就會不自覺地注視對方，想和對方眼神交會呢。

正因為如此，還有心理學實驗調查了非語言溝通與好感度之間的關係，眼神交流是落在笑容之後的第二名，名次還比第三名的髮色、第四名的肢體接觸來得高。

我在銀座工作時感受到的，「眼神交流所扮演的角色」在男女身上也有極大的差異。許多男性顧客害羞、不敢和人眼神交會，但在我別開視線時又會不停偷看我……在這之中，我第一次到有名的花花公子A先生的桌次坐檯時，他非常大方地盯著我看，讓我感到相當不知所措。在我問他：「怎麼了嗎？」他竟然說：「啊，對不起對不起，妳太可愛了，讓我別不開眼啊！」耶！這原本是女公關該做出的應對，竟然被顧客搶先一步了。

A先生相當擅長運用視線，上一秒還想著被他直盯著看，他下一秒就突然把視線移開。在我不安想著「咦？我是不是有哪裡失禮了？」時，又再度和我對上眼對我微笑，接著問：「怎麼了嗎？」那時我完全被他玩弄於股掌之間，但我接下來就把他的招式用在其他顧客身上，成功雪恥了。

擅長眼神交流與不擅眼神交流的男性之間的差異，就在於是否對自己有「自信」。眼神對上後就會低頭，或視線游移等想立刻別開眼的男性，容易讓女性認為「這個人感覺很不受歡迎……」，沒自信的一面會從視線表露無遺。只要勇敢與人眼神交流，就能產生自信與從容，也會受女性歡迎，請務必試著意識這一點。

對女性而言，眼神交流是「破綻」的展現。妳肯定認識一些明明不是大美人，也不是交流溝通的專家，卻非常受異性歡迎的女性吧。雖然不清楚她們是否有特別注意到這點，觀察她們之後發現，她們盯著男性眼睛看的時間特別長。這自然會讓男性產生「為什麼要這樣一直看著我？該不會是喜歡我吧？」的想法。

對於煩惱「我沒什麼破綻」的女性，我建議可以試著有意識地使用眼神交流。

順帶一提，不擅長眼神交流的女公關中，有些女孩會用「數顧客眨眼的次數」這個密技來增加看著對方眼睛的時間。因為盯著沒興趣的男性眼

睛看真的很辛苦啊。**我自己是以「所有顧客都是戀人」的設定來待客**，所以沒這個煩惱就是了♡

讓男性「安心」，對女性「表示共鳴」

女性很容易被擅長眼神交流的男性所吸引，但其中有非常多玩咖，我個人無法推薦。抱著「自己培育、改造不擅眼神交流的男性」的心情，能讓妳尋找戀愛對象的範疇增大。

面對沒自信的男性，最好的方法是讓他安心。女生可以自己主動一點對上他的視線，並微笑對他說聲「和你聊天真開心」吧。只不過，如果胡亂用在沒好感的男生身上，可能會引起對方誤會，還請多加注意喔。

當女性對你使出眼神交流時，就是一個「在尋求你的共鳴、可能會對

你敞開心胸」的訊號（但正如我剛才提過，也可能是天然呆）。別錯過機會，好好注視對方女性的眼睛，向她表達「我正在聽，我對妳有共鳴喔」的回望，來提升她的好感度吧。

男與女的HAPPY TALK

想提升好感度時

即使是會閃避眼神交流、沒自信的男性，只要看著他說出以下這句話、邊鼓勵他邊培育他也是一個方法。

「和你聊天真的很開心呢！」

「真的是那樣呢！」

當女性透過眼神交流尋求共鳴時，用肯定態度傳達共鳴的心情，可以提升對方的好感度。

【怦然心動的誇讚法】

男人想成為第一，女人想成為唯一

男人最愛簡潔明瞭的誇讚。我在銀座工作時，會傳送「○○先生超棒～！」這類只會讓女性感到懷疑的含糊誇讚訊息，但男性會相當開心。

這起因於男性「想要贏得競爭、獨占許多女性」的本能，超越女性想像。這種「想成為第一、想被認同」的慾望，會在無意識中推動男性，所以才會對這種「可以套用在任何人身上的誇讚」感到開心，也會成為努力的原動力。

相對地，女性會以「能被一位優秀男性選擇」為目標，這是烙印在本能中的宿命。女性顧客會在男公關俱樂部裡爭寵，也是為了得到「唯一」的寶座。

不理解這種心理的男性，在不小心脫口「妳是最好的」後，可能會引起女性「什麼意思!?所以還有第二好、第三好嗎？」的反應，原以為是表達好感的一步，卻可能造成反效果。

男性對讚賞而心動，女性對完全相反印象的話語心動

面對男性，總之就要用讚賞來撩動男人心吧。

「你是第一。」

「超棒。」

「好厲害喔！」

如以上這種單純的稱讚詞也行。

「你比這個搞笑藝人還要更加有趣呢。」

「演員〇〇雖然很帥但脖子太短，不大適合穿高領的衣服。如果要穿高領衣，非得是像你這樣有細長脖子的人才行啊。」

以上對話等等，**具體將能力或身體部位與他人比較的讚美，也能夠滿足男人「想成為第一」的自尊心。**

相反的，若是拿誰來相比並批評，會帶給男性極大打擊，還請多加注意喔。

而對待「想成為『唯一』」的女性，就需要在誇獎方式上稍微下功夫。即使用「真厲害！」來誇獎，很少有女性會像男性那樣單純感到喜悅，反而甚至有許多人會覺得「用這種高高在上的態度誇讚我，總覺得……」那樣不踏實。

能讓女性怦然心動的讚美，就是誇獎她「連她自己也沒發現的自身魅力」。

或許你會覺得「什麼!?怎麼可能有辦法看穿這個啊！」但每個人都有雙面性，只要說出和對方給人印象完全相反的讚美，就能讓對方產生「這個人懂我耶！」的感受。

舉例來說，對開朗的女性說：「妳很受歡迎、朋友也很多，但感覺妳應該也很珍惜獨處的時間吧。」就很可能得到「你為什麼會知道!?我也很喜歡自己一個人在咖啡廳看書。」的回應。你可以讓她覺得你和其他人不同，理解真正的她。**這是因為人類認為不對外展現的自己才是「真正的自己」。**

雖然誇獎開朗的女性「妳真是活力充沛！」也不壞，但常常聽慣的讚美，可無法給她留下印象。就算你說出的內容與實際上不同，只要是正面積極的印象，她就會感覺「原來我看起來是這樣啊」、「這個人找到了我從沒發現的全新自己」而對你留下強烈印象。

我自己也是，比起顧客對我說「妳真漂亮」，對我說「妳這個想法真新穎、真有趣」更讓我感到特別、更開心。

男與女的HAPPY TALK

想說出正中紅心的誇讚時

簡單明瞭的常見稱讚詞容易打中男人的心，與其想東想西、想著要怎麼誇獎他，倒不如就多說一些簡單的讚美吧。

「你是最好的！」

「妳很受歡迎、朋友也很多，但感覺妳應該也很珍惜獨處的時間吧。」

除了誇獎外表和擁有的東西外，也利用這類兜個圈子的稱讚詞來表現出你有看見對方那「唯一」的感覺吧。

【信賴】男人認為贏得信賴就是獲勝，女人認為持續才最重要

戀愛中絕對需要信賴關係。只要共享秘密，雙方會在守護彼此秘密中產生信賴，加深彼此的親密關係。職場戀愛及外遇，之所以會讓人情緒高漲的原因就在此。

只不過，男性認為只要付出某種程度的努力贏得「信賴」後，就可以不再努力了。戀愛初期幾乎每天傳不停的ＬＩＮＥ，在關係逐漸穩固後明顯減少，也是因為「已經建立起信賴關係了，所以不需要每天連絡了吧？我

已經不想繼續努力了。」這是男性特有的思考迴路所造成的。

關於這點，女性對感覺「完全建立起信賴關係了」的門檻比男性更高。如果男性認為只需要一分的努力，那女性就認為需要十分的努力，且還得持續努力，兩者在此出現極大差異。

偶爾要故意和男性吵架，預防失去新鮮感

要去勉強那些會抱持「已經不想努力」這種想法的男性繼續努力，只會讓他逃跑，但不要求他努力導致過度放任，又會成為愛情降溫或劈腿的原因，真的很難拿捏分寸。

順帶一提，我為了預防失去新鮮感，會對已經建立起信賴關係的顧客執行「五倍吃醋作戰計畫」。舉例來說，對去其他店的顧客，一開始先軟軟用一句「我不是討厭你去別家店，而是討厭你和其他女生說話」，讓對

方無法逃跑，接著「如果想喝酒，去普通的酒吧就好了吧！」、「每次都是我主動聯絡吧？」逐步爆發怒氣，故意和對方吵架。有時還會朝顧客潑水，或是直接賞巴掌……。**其實腦科學已經證實，偶一為之的激烈爭執可以讓情侶的感情升溫。**

當男性接收到女性不講理、找碴的時候，大腦會感受到強大壓力而分泌男性賀爾蒙「睪固酮」，因而提升性能力，產生獨占慾與鬥爭心。

雖然頻繁吵架也有待商榷，但偶爾吵個架反而能成為延續兩人關係的優秀助燃劑。

為了預防她不開心，對女性要先下手為強

那麼，面對希望能持續努力維持信賴關係的女性，男性到底該怎樣應對才好呢？這就和工作相同，我建議「如果感覺快發生問題了，就先下手

為強」。

因為忙於其他要務，只好把某客戶的應對工作往後延。這種時候，你應該會先問對方「請問在〇號之前可以抽時間給我嗎？」對吧，你只要對女友做相同事情就好。

「我在〇號之前會很忙，等忙完之後我們去旅行吧！」

像這樣先下手為強後，就能避開「老是把我丟在一旁，我根本不覺得我們在交往」、「我朋友的男友比你還要殷勤耶」等女友的集中砲火攻擊，她也能明確理解自己該等到什麼時候，如此一來也不會不開心。

不過，請千萬記住，如果你沒辦法遵守約定，接下來只會看見地獄。

男與女的HAPPY TALK

想維持信賴關係時

對於那些會在「贏得信賴上」偷懶的男性，偶爾可以吃吃醋或是故意找碴，適度刺激對方。

「老是我主動聯絡你對吧？」

「我在〇號之前會很忙，等忙完之後我們去旅行吧！」

對於要求殷勤聯絡或約會的女性，就把她當成客戶，事先預測對方可能不滿而先行應對，就能預防關係惡化。

【爭執】男人沉默，女人激昂

正如同我在前項提到的，偶爾吵吵架是良性刺激，但太常吵架就另當別論了。

容易演變成劍拔弩張氣氛的，就是男性沉默、女性激昂的吵架模式。除此之外，也常見女性都已經直接表達出「你都不說話，誰知道你想怎樣，好好談談啦」，男性卻回答「在這種狀態下談，也只會繼續爭吵而已」來避開溝通，這又在女性的怒氣火上澆油了。我在店裡對顧客不講理吵架時，發現只要彼此對話沒交集，幾乎所有顧客都會沉默不語……。

為什麼男女之間會如此不同呢？

這是我的個人意見，我認為男性在與同性爭執時，會試圖主張自己的正確性以贏得勝利，但若當吵架的對象是喜歡的女性時，就會踩剎車而做出「忍耐＝沉默」的舉動。因為男性重視結果，就算想要溝通解決，也覺得和怒氣達到頂點的女性繼續說下去，不可能會得到什麼有用的結論。他們會認為與其進行無效溝通，倒不如等女性消氣、找回冷靜後，再來談會比較好。

但重視過程的女性，想在傾訴自己的情緒讓對方接納的過程中，同時整理自己的感情、統整自己的思緒。在吵架過程中會情緒化地哭泣，都只是想吐露自己的心情而已，且哭完後也不會繼續頑固地激動說話。

向男性撒嬌、向女性說句話表達意思就能和好

企圖以沉默結束爭執的男性，只會讓女性無比憤怒，但這只能放著不管了。當女性冷靜下來、整理好思緒後，男性也會願意坐下來好好談，所以就原諒對方短暫的沉默吧。就算喊著「一句話不說也太卑鄙了吧！說話啊！」逼迫男性，也無法進行有建設性的交談，所以窮追猛打絕對NG。還請記得，他沉默的其中一個理由是不想說出傷妳的話。

女性與其情緒化哭泣、責備他，倒不如說「我很不安，你是不是真的愛我」冷靜表達自己的悲傷情緒並向他撒嬌，就能順利引導他向妳道歉。

為了不讓情緒化的女性更加火大且能確實和好，男性可以說句「我現在沒辦法立刻有好想法，讓我思考一下」表達自己的意思。沉默不語只是讓人不懂你在想什麼，這會讓女性更加煩躁，而且力量大的男性不說理

由，只是沉默，也會帶給女性壓迫感與恐懼。只要稍微說明理由，就能讓女性冷靜點。

男與女的HAPPY TALK

想和好時

與其責備男性，倒不如好好表達自己的悲傷情緒並撒嬌，就能順利引導對方道歉。

「我很不安，你是不是真的愛我。」

「我現在沒辦法立刻有好想法，讓我思考一下。」

不是選擇沉默、拒絕交談，而是表達希望能給自己好好思考的時間，這就能安撫女性「該不會是想要逃避交談吧」的不信任感。

【自我主張】受歡迎的男人內斂，受歡迎的女人外放

有才能的男人或許給人自我主張強烈的印象，但我在夜晚的銀座所見，越受歡迎的男人，反而越收斂自我主張。真誠聽著同席的上司下屬們說的話、偶爾也會聽女公關們說話的人，不僅受歡迎，職涯也是平步青雲。舉例來說，受歡迎且出人頭地的顧客中，有人不僅會說著「原來發生過這種事啊，還真是辛苦妳了。」傾聽女公關傾訴煩惱，還在下一次上門消費時，自然地給出建議「遇到那種事情時，或許這樣應對也不錯喔。」

正因為有自信且從容，才有辦法扮演傾聽角色，並接著在關鍵時刻說出自己的意見。男性是想成為第一的生物，所以怎樣都有想說話的傾向。只要能忍耐下來讓女性說話，就能瞬間提升受歡迎指數。

這是因為，**人在談論自己的事情時，大腦會分泌與做愛時相同的快樂物質。特別是女性說話的目的是用來整理情緒與發洩壓力，據說愛說話的程度甚至是男性的三倍。所以願意聽女性說話的男性絕對會受歡迎。**

女性可能以為收斂自我主張會比較受歡迎，但這是很大的誤會。其實受男性歡迎的，是能明確表達喜怒哀樂等自我主張的女性。

理由在於，男性說話的目的是「解決問題」。舉例來說，要去吃飯時可以說「如果要去吃飯，我今天比較想吃西式的」、「今天太晚吃中餐了，晚餐想吃簡單點就好」等，對男性來說，可以提供資訊讓他容易解決「想為女方挑選一家好餐廳」這個問題的女性，更讓人有努力的動力。

如果在此說「什麼都好，交給你決定」，會讓男性無法解決問題而迷惘，無法湧現想為女性選一家好餐廳的想法。

男性要鍛鍊應和技巧，女性要說出體貼的主張

男性如果希望女方可以開心說話，就需要鍛鍊應和的技巧。

話說回來，有太多男性都是面無表情或是毫無反應地聽對方說話。這樣一來會讓人無法判斷你到底有沒有在聽，也無法產生「想多說點話！」的想法。若是單純對對方感興趣，可以笑著說「然後呢、然後呢？」、「是喔！」、「哇喔~」、「什麼!?」等等反應，增加一些應和的用詞吧。

只不過，若是當自己冷靜說話時卻碰到對方相當興奮，或是反過來，當自己開心說話時反而對方的情緒平淡，就會讓人感覺「彼此對話的頻率不同」，所以還請注意自己的聲調與音量，也要適度配合對方說話的情

緒。

女性並沒有想要在對話中解決問題，所以當你想給建議時，最正確的做法是「過一段時間再說」。只要用「妳之前說的那個……」開頭，不僅減弱強迫對方接受你意見的感覺，還能留下「他還記得我們之前的對話」的好印象。

女性表達喜怒哀樂與自我主張時，重點在於別忘了穩重與體貼。如果妳的自我主張只是歇斯底里的任性或是傷害對方的負面言行，那就毫無意義。

在表達想吃什麼時，也希望能用「義式或法式」、「日式類的」、「飽食」、「輕食」等回答，把範圍稍微擴大一點，讓男性也有選擇餘地的體貼。也別說「我不喜歡這類東西」明確否決對方的喜好，而要用「我比較喜歡這個吧」這類積極的表現，才不會傷害男性的自尊心。

只不過，其實男性並不討厭被女性命令。這是因為他們從小就被母親或能幹的女孩命令「快點整理」、「打掃別偷懶啦」，**所以平常在體貼中加進「今天無論如何都希望你帶我去那家店」等任性要求，也可以成為維持彼此關係的調味料♡**

男與女的HAPPY TALK

該怎樣巧妙主張自我

別否定對方，藉由穩重&積極地自我主張，就能不惹男性不悅，提供對方解決問題所需的資訊。

「我比較喜歡這個耶。」

「妳上次說的那件事，或許這樣應對也不錯喔。」

當你想給女性建議時，等事件發生過一段時間再說，不僅可以減輕強迫對方接受的感覺，還能因為「你有記得兩人先前的對話」而帶給對方好印象。

【幽默】男人創造，女人多笑

看見搞笑藝人受歡迎的程度，應該不難理解，有幽默感的男性在夜晚的銀座也很受歡迎。

或許很多人有所誤解，其實幽默是「服務精神」。並非只是說些有趣的話就好，利用對方喜歡的話題逗對方開心才是幽默。所以搞笑藝人們會事先準備好幾個哏，在劇場看見觀眾是哪種客群後，才決定要用哪一個哏。

顧客中的某位財經界大人物，就是充滿幽默感的人，他的體格相當壯碩，所以有新人女公關問他：「您是做什麼的啊？消防員嗎？」一般來說，就算因此生氣「有夠沒禮貌」、「連我是誰也不認識啊」也不奇怪。他卻毫不在意地回應：「就是啊，我今天也去滅火了呢。」店裡當然因此哄堂大笑。

就算不擅長如搞笑藝人般說些有趣的話題，用這類小小的回應也足以表現出幽默感。

在各種與幽默感相關的心理研究中，各國的共通結果就是「有幽默感的男性更受歡迎」，除此之外也得知，一般來說，男性較善於創造幽默，而女性則是對他人的幽默發笑的頻率較高。

另外還有這種研究：當男性想邀女性約會時，在自己的照片寫上一句惹人發笑的話交給女性，比單純給照片的成功率更高。但當男女角色互換時，這個戰術就發揮不了作用了。

雖然最近女性搞笑藝人也有增加的趨勢，但看起來，幽默感與受歡迎程度呈正相關的，果然還是男性。

只不過也有研究指出，婚後女性頻繁表現出幽默感的夫婦，較容易維持婚姻生活的高滿足度。

所以女性把幽默感的天分保留到婚後再發揮，或許比較好呢。

只不過與男性相同，在對話中偷偷加入能讓對方喜悅、開心的幽默感，可以提升彼此的親密度，所以請務必挑戰看看。

舉例來說，以下這類台詞如何呢。

「感覺你讓很多女生為你哭泣呢～我也得多注意才行（笑）。」

「你是很出色啦……但感覺有點變態（笑）。」

「讓我摸摸你的頭♡等下次再說（笑）。」

「你今天好沒精神，不舒服嗎？該不會是為情所困吧？對我嗎？（笑）」

男與女的HAPPY TALK

該怎樣利用幽默逗笑對方

當面誇獎對方「你感覺很受歡迎」也不錯，但運用一點幽默感誇獎，不僅會讓對方感到意外、並對妳留下印象，而且也能炒熱對話熱度，提升彼此親密度。

「感覺你讓很多女生為你哭泣呢～我也得多注意才行（笑）。」

「就是啊，我今天也去滅火了呢。」

別因為女性的失言憤怒，利用幽默感回話，能讓女方感覺「態度從容的男性真不錯」，也可以提升自己的身價。

【謊言】男人為了風險管理說謊，女人為了共鳴說謊

女公關聽到顧客問「有男友嗎？」時，就算真的有男友，也會說出善意的謊言：「咦!?怎麼可能會有啦。」

在販售夢想的地方，謊言是方便好用的東西。顧客付錢購買「或許可以追到女生」的夢想，所以不能隨隨便便帶進自己的現實，而讓顧客夢想破滅。

此時，比較「說真話的風險（＝顧客不願意在自己身上花錢）」與

「說真話的收穫（＝不必對顧客說謊）」後，前者的「說謊」明顯可以把風險降到最低。

其實女公關的這個謊言，是基於「男性化」的思考迴路。當男性被女性問「我剪了新髮型，覺得怎樣？」時，就算實際上覺得這髮型不好看，也會因為在心中評估「惹女生不開心之後還要彌補後續的風險」遠高於收穫，而扯謊回答「很適合妳喔」。

在工作中用男性思考迴路說謊的我，在和女性朋友見面時，也會轉換成女性思考迴路。要是被朋友問「我剪了新髮型，覺得怎樣？」時，就算覺得不適合，也還是會說「很適合妳喔～」。

但這並不是為了迴避風險，而是比起「不適合」這個「事實」，更珍惜要對一臉幸福問「覺得怎樣？」的女性朋友的滿足感，投以「共鳴」的心情。因此沒有必要說出事實，破壞這種幸福的感覺。

面對男性「別不開心」，面對女性「讓她安心」

面對想抑制風險的男性，在希望聽到對方說實話時，也別因為對方說了實話而感到不開心。

舉例來說，當女方說「真好吃！」而男方表現出疑問「會嗎？」時，請妳試著把這個事實當作「每個人的感受各有不同嘛！」來解讀就好。男性只要理解到自己不需要承擔還得哄女方開心的風險，他也會願意老實說出真心話。

而面對重視共鳴的女性，如果希望她說實話時，重要的是從平常就要持續表達「還好嗎？如果妳願意，可以說給我聽」、「我永遠支持妳」，建立起「說真話也不礙事」的關係才是捷徑。

不傷人的謊言，忽視也沒關係

從身處於充滿開心謊言的夜晚世界中的我看來，只存在事實的世界有點無趣。要是沒了「那位顧客今天又會吹什麼牛來惹我們笑呢？」這類樂趣，這將令人感到相當不捨呢。

當然，我也非常討厭掩飾劈腿這類的謊言，但要是能寬容面對不傷人的謊言、讓人喜悅的謊言，人生或許可以變得更加有趣。如果對方說謊背後包含對你的體貼，裝不知情也是個方法。偶爾說句「謝謝你為了我說這個溫柔的謊言」，讓對方嚇一跳或許也不錯喔。

男與女的HAPPY TALK

該怎樣讓對方說出真心話

就算男性對自己的意見沒有共鳴，也別不開心。只要他知道妳不會不開心，他就願意說真心話。

「真的嗎？大家的感受各有不同嘛！」

「還好嗎？如果妳願意，可以說給我聽。」

要常常對女性這樣說，讓她確定「即使說出真心話，也不會破壞彼此能互有共鳴的關係」相當重要。

【LINE】男人當業務聯絡，女人當對話

對男性來說，LINE就是報告、聯絡、商量用的工具，屬於「有事才聯絡」這相當單純的思考迴路。除此之外，雖然有對自己在意的女性迅速回訊的傾向，但基本上就是很懶散，會因為心情或忙碌而變動，沒有定性。

因為有想得到誇獎的強烈心情，要是迷上鍛鍊就會每天傳送肌肉的照片，出國出差時就會傳機場照片等等，傳送對女性來說不知所云的LINE就是男性的特徵。過去曾有個很喜歡拉麵的顧客，幾乎每天都會傳送拉麵店的門簾照片給我。傳拉麵的照片我還可以理解，但我至今仍不懂為什麼

是門簾的照片？

對女性來說，LINE就跟面對面說話、打電話沒兩樣，是日常溝通的一個工具。所以就算沒事也會傳「在幹嘛？」，也想要獲得「看起來真好吃」、「感覺很開心呢！」等有共鳴的反應。

女性會把LINE的傳訊頻率與回訊速度和「對自己的愛意」相連結，所以如果男性傳送LINE的頻率減少，或回訊速度太慢，就會感到「他該不會不愛我吧？」的不安。

面對男性養出業務聯絡的習慣，面對女性要先說出回訊慢的理由

面對不大喜歡傳LINE的男性，最好的方法就是創造出可以彼此業務聯絡的共同興趣或事情。「看完這個節目後就互相傳LINE說感想」、

「共同興趣是拉麵，要是有吃拉麵就要彼此報告」等等，創造出可以養成習慣的業務聯絡事項吧。從這個意義上來看，女公關有七夕或情人節之類的店內活動，完全不欠缺業務聯絡的理由，或許比大家更加輕鬆呢。另外，把在LINE上聊到的事情，以「那時的那句話讓我好高興♡」、「前一陣子你在LINE上好溫柔喔」出現在實際對話上，就能提高男性努力傳LINE的機率。

面對女性，只要說明「對不起，我每次都很慢才回訊。花太多時間在想該寫什麼了」、「我白天太忙沒時間看LINE，晚上再回妳喔」等回覆，表達自己對LINE的態度之後，就能讓女方理解「原來不是只有很慢才回我啊」而感到安心。

男與女的HAPPY TALK

該怎樣預防在LINE上彼此錯過

透過共同的興趣等話題，創造能互相業務聯絡的事情，就算不要求男方「更積極點傳ＬＩＮＥ啦！」，他也會頻繁地與妳連絡。

「你下次吃拉麵時要告訴我喔！我也想知道。」

「對不起，我每次都很慢才回訊。花太多時間在想該寫什麼了。」

只要說明回訊太慢、或是無法頻繁傳訊的理由後，就能讓女方安心「不是只有很慢才回我」。

第四章

男與女的真心話
～外表與舉止篇～

【打扮】男人確認氛圍，女人確認不對勁

我在第二章的〈【初次見面】男人喜歡有女人味的女人，女人喜歡外表乾淨的男人〉一文中曾提過，男性會被「女人味的氛圍」吸引，即使是現在這性別模糊的時代，男性果然還是喜歡女性的曲線美。

順帶一提，我剛從八王子換到銀座上班時，我穿著網購的廉價禮服。當時有位顧客對我說：「要在銀座工作，也得要穿上一流的禮服才行。」接著大手筆送給我十套高級絲綢禮服。對我來說，禮服＝每天穿的工作服，覺得沒必要在上面花大錢，但我太天真了，「銀座果然與眾不同」這

件事便深刻烙印在我心上。

我為了學習，閱讀大量婚活相關書籍，大多都寫著以下內容：

・「顯而易見的名牌品ＮＧ」

↓會讓人感覺很奢侈

・「盛裝打扮也ＮＧ」

↓男性不懂細節，所以不需要太重視流行的打扮

在銀座工作的我看來，不禁深感認同「真的就是如此」。

正如同顧客送我禮服一樣，與其勉強自己穿戴半吊子的東西，穿戴上和自己相符的東西，才能創造出讓男性想要送禮物的空白，也能直接與受歡迎連結。

女性會為了婚活或是約會而想著「得買新衣服才行」，但很遺憾，這只有振奮自己情緒的功能。不僅不會讓妳更受歡迎，也無助於加深與男方的關係。

女性又是怎樣看待男性的打扮呢？女生關注的是有沒有「總覺得怪怪的……」的地方。女性會在見面的最初七秒評斷對方，所以乍看之下出現的不對勁會大幅左右給人的印象。

也就是說，不需要特別打扮，只要穿著沒有不對勁，非常普通的服裝也完全沒問題。但是，男性似乎相當難以理解這個「普通」……

想受男性歡迎，「有點矬」正剛好

面對想追求女人味氛圍的男性，

・簡單的連身裙
・毛衣搭配傘裙
・白襯衫搭A字裙

例如以上這些非常簡單的打扮會讓男性怦然心動。對女性來說，流行的蓬蓬肩衣服更可愛，但很遺憾的是看在男性眼中，只覺得這衣服「肩膀那邊怎麼這麼蓬」很奇怪。**所以別太卯足幹勁，放輕鬆穿「有點矬正剛好」的打扮赴約吧。**

想受女性歡迎，「尺寸、不過度打扮、TPO*」很重要

女性會關注男性的打扮是否有不對勁的地方，因此以「不被討厭」的打扮為目標才是正確答案。比起提升好感度，更該注意別做「我從生理上

沒辦法接受這個人」的扣分打扮。

以下三點請多加注意：

①尺寸

不擅打扮的男性，很多人會搞錯尺寸。過度寬鬆或是過度合身的衣服都會讓人感到不對勁。特別是寬鬆的衣服會給人邋遢的印象，所以請選擇尺寸剛好的衣服。最近也有許多平價的訂製襯衫或訂製西裝，休閒服的尺寸也相當豐富，所以別只在網路上買，建議請務必到店家試穿之後購買。

②過度打扮

脖子圍上纏成鎖鏈狀的絲巾，戴帽子等等，挑戰打扮的精神可嘉，但這類隨時代潮流變動的打扮好惡明顯，不適合出現在認識新朋友的場合。

避開「花樣搭配花樣」這類時尚高級班才能做到的打扮，也比較保險。

③不符合TPO

女性會特別卯足幹勁打扮來約會，若是看見男方穿拖鞋和休閒短褲就來，只會失望無比，請男性留意選擇適合場合的打扮。

誇讚打扮很容易踩到地雷

打扮是最先映入眼簾之物，也是個容易誇獎的點，但男性會不小心說出「妳這包包看起來好貴喔」等讓女性興致全消的話。對男性來說可能只是單純表述感想而已，但提及物品的價值是很失禮的行為。**要用「妳那個看起來真棒」、「很適合妳」、「穿（戴）在妳身上看起來又更棒了」等意涵的話來讚美。**

＊TPO：取Time（時間）、Place（地點）、Occasion（場合）的英文縮寫。

女性看見男性的打扮後，常會感覺「沒地方可以誇獎啊……」。但即使是女性認為不怎麼樣的打扮，如果看起來感覺是男性努力一番的結果，就可以誇獎他「品味真不錯呢」，他肯定會非常開心。

男與女的HAPPY TALK

想誇讚對方打扮時

「品味真不錯呢。」

這不限於打扮，當感覺說話內容及遣詞用字很棒時，也可以用這句話。可以讓男方認為「她是可以理解我的感性的人」。

「妳那個看起來真棒。」

誇獎衣服或是小物品時，要用「很適合妳」、「穿（戴）在妳身上看起來又更棒了」等意涵的話來讚美。

【飾品】男人的鎧甲，卻是女人單純的時尚配件

前來銀座消費的顧客，不只身穿合身的上好西裝，大多數都會自然穿戴手錶、領帶夾、袖扣、口袋巾等物品打扮自己，但其中也有穿戴上大量飾品、全身金光閃閃的人。

我回顧當時，這些過度穿戴飾品的顧客，大多是「總之就是想高調」、「想吸引大家目光」這類求認同慾望特別高的人，或懷有自卑感的人。或許是身高矮，或許是全家族都是醫生只有自己是公司經營者，或許

是年幼時期家境貧困等等……。就算現在非常成功，還是常常從他們的隻字片語中感受到自卑感與落寞感。

不論男女，過度穿戴飾品都是愛出鋒頭及虛榮的呈現，對這些人來說，飾品扮演了保護自己的鎧甲角色。

說起銀座女公關的飾品，大家可能會覺得我們都用名牌飾品來一較高下，但真正的狀況是「因人而異」。

以外表華麗為賣點的女公關，會選擇夠分量的施華洛世奇項鍊，總之以散發華麗的光輝為優先，也有女公關喜歡穿戴聽到價位會嚇一大跳的名牌高級品，卻是高雅、低調的設計。

而我呢，前文曾提過有顧客送我禮服的事情，我從那個經驗中學到教訓，採取不隨便穿戴飾品的戰略。與其穿戴便宜貨對我的高雅打折扣，倒

不如什麼都不戴，反而會增加顧客「妳的胸前也太空了，收下這個吧」送我禮物的機會。

從我自己賺錢後，開始在脖子、手腕、腳踝等部位穿戴小巧的飾品。存在感十足的飾品雖然華麗又時尚，但碰到談論認真話題時，飾品反射的光線其實很礙眼。

男性「選擇單品就好」，女性「選擇小巧簡單的東西」

男性如果想提升自己的好感度，別穿戴過多的飾品才是聰明選擇。穿戴飾品的男性本來就少，所以容易引起不必要的關注，就算要戴也只戴戒指等，選擇一項就好了。

我認為女性不穿戴飾品也不錯，但我查了「飾品與男女心理」的相關資料後，找到「男性較願意聽取身上有穿戴飾品的女性的要求」的研究結果，所以我建議可以配戴小巧簡單的飾品。

穿戴小巧飾品也有讓穿戴者本人帶給他人小巧印象的效果，調整項鍊位置的舉止也可以展現女人味的一面。

「出門前再看一次鏡子，拿掉一項身上的飾品。」

這是知名的可可．香奈兒女士所說的話，不限於女性，美與優雅果然就是在「簡單」之中。

身上穿戴的物品展現出當事者的內在

另外，我面對穿戴大量飾品、在愛出鋒頭背後隱藏強烈自卑的顧客，會用「只是和你在一起就讓我感到相當平靜」等話語直接肯定他本人的存在。對自己沒自信的女性也很多，我認為這句話也會讓女性心動。

同樣穿戴大量飾品的顧客中，屬於想受到他人關注、尋求他人認同慾望高的人，我會說「請告訴我」、「請幫忙我」等，用表現出「依賴」態度的方法待客。這類型的顧客有「求關注」的特質，只要贏得他們的信賴，他們就會把你當成家人來照顧，所以別敬而遠之，要把他們拉成自己的夥伴。

身上穿戴的東西會表現出當事者的內在，請試著多加留意觀察喔。

男與女的HAPPY TALK

與特別愛出鋒頭的人接觸時

面對特別愛出鋒頭、很想要受到關注的男性，說出「請幫忙我」依賴對方，就能贏得對方的信賴。

「請告訴我！」

「只是和你在一起就讓我感到平靜。」

穿戴大量飾品背後隱含著沒自信的一面，所以可以留意使用「肯定對方存在」的話語。

【香氣】男人的香氣是禮儀，女人的香氣是刻印

男性在講究香氣之前，先確認自己的「體味」和「熟年體味」更重要。因為工作的關係，我接待過相當多男性顧客，有非常多人打扮時髦，卻對自己的體味毫無自覺！

女性的嗅覺比男性敏銳，對香氣相當敏感。因此，光是在香氣上下功夫，就能翻倍提升受女性歡迎的程度。

香氣與記憶深度連結，所以對女公關來說，香氣也是工作相關的工具之一。下雨天會有一種混合泥土和濕氣的特殊氣味對吧，正如同這個氣味會喚醒我們的兒時記憶一般，為了能讓顧客說「只要聞到這個氣味就會想起○○」，女公關基本上都會持續使用同一款香水。

「這是給妳的禮物。」有許多顧客每次出差都會買那個香水當禮物，所以有好幾十瓶庫存也是煩惱就是了……順帶一提，我最喜歡的香水是「BVLGARI OMNIA AMETHYSTE」。

有時會往空氣中噴灑，然後迅速把名片及要送給顧客的手寫信劃過沾上香氣。從名片夾取出名片或從信封中拿出信紙時，就會飄散出香氣，可以給人留下強烈印象。

有個名為「單純曝光效應（Mere exposure effect）」的心理技巧，是指見面的次數越多，人也越容易抱有好感。除了邀請顧客來店消費外，女公關們也會努力透過ＬＩＮＥ等工具增加接觸次數，只要活用名片、手寫信及香氣的效果，就能以更有效的形式增加與顧客的接觸機會。

推薦男性使用不易被女性討厭的中性香氣

枕頭套有味道的男性，極可能有熟年體味，請使用專門的沐浴乳及洗髮精努力保養吧。另外，氣味的源頭也很有可能是無法洗滌的西裝。還請男性多加留心使用除臭劑或是頻繁送洗吧。

如果還有餘力，也請務必挑戰使用香水。這不限於男性，只要噴香水就能啟動「安慰劑效應」，讓自己擁有自信。安慰劑效應就是服用原本不具藥物功效的東西之後產生效果的效應。香水本身沒有藥效，但「散發好氣味的自己很有魅力」能讓人產生自信。

如果不知怎麼選擇，我推薦最近款式變多的中性香水。不會太甜膩也不會太濃烈，是男女皆可使用的香水，被女性討厭的可能性極低是其特點。

男性噴香水的方法也是要點，香水味太濃烈的男性，對女性來說相當扣分。把香水噴灑在空中後，從下方走過沾染在背上，噴在膝蓋後方、肚子上，就能讓自己帶有一身淡淡的香氣。

女性靠噴香水的方法創造出差異

至於女性，據說絕對會受歡迎的香水是「香皂的香氣」。銀座是成人的遊樂場所，所以情況和其他地方有所不同，但大多數的女公關都會使用讓人感覺「女人味」的甜膩濃郁香氣。因為女公關喜歡的香水相近，為了不和其他人撞味，也有人會混搭其他氣味創造出獨一無二的香氣。

一般來說，體溫高更容易擴散香氣，所以都會說把香水噴在「脈搏處＝脖子及手腕」比較好。女公關還會加上大腿與腳踝，這是因為女公關常常坐下又起身，可以在每次動作時飄散香氣。我想這也是大家可以學習的小技巧。

只不過，不論男女，用餐時不擦香水是基本禮儀之一。我自己也是，在和顧客「同伴」外出用餐時，還有搭乘電車或計程車時，也不會擦「夜晚」用的甜膩濃郁香水。請注重TPO，享受香水的樂趣吧。

男與女的HAPPY TALK

提及香氣話題時的NG例子

「只要○○一走近，立刻就能發現呢。」

這句話等同「你的香水味太濃了」，這句話若用在職場上，希望對方改善時會相當有效果。但如果關係不夠親密，還是避免說這句話比較好。

「妳身上有洗髮精的好聞香氣。」

這句話很挑人說，所以別說比較保險。因為有許多女性會覺得「一想到被人聞到自己身上的氣味就覺得很噁心」。

【舉止】男人的虧心事在手上，女人的虧心事在嘴上

語言是有意識產出的東西，而日常生活中不經意的舉止會在無意識中做出。因此在心理學的世界中會說「真心話就表現在無意識的舉止中」。

銀座的女公關們日以繼夜、如同超能力者般，從顧客的言行中捕捉各式各樣所需的資訊，或者反過來做出吸引顧客的舉止等等，會在待客時活用所有能想到的舉動。

就我的經驗看來，男性的心情特別容易表現在手上。

如同「隱藏手心事物（意為隱藏內心想法）」這句諺語一般，不想說真心話，不想讓人得知隱藏之事，感覺不安時，男性就會無意識地把手插口袋，或者是把手藏在桌子底下。

這種時候，問一句「你是不是有事情瞞著我？我不會生氣，你就直說吧。」之後，就會聽到「其實我去了其他酒店」、「我雖然很喜歡妳，但我和前女友重修舊好了」等令人超級驚訝的告白，結果百分之百會生氣（苦笑）。這有很高的機率可以問出真心話，所以請務必試試看。

男性握拳就是拒絕的訊號！

另外，男性感覺「我今天花太多錢了」、「再這樣下去吃不消」時，常常會握拳，這就是拒絕的訊號。看到這種情況時，我就會說「謝謝你總是為我做這麼多，下一次可以讓我請你吃飯嗎？雖然我只能做這點小事。你總是很有心地替我做很多事情，我也想要回報你的心意。」來打圓場。

如果男友開始緊緊握拳，不管妳說再多他都聽不進去，所以我建議妳就快點讓他解脫吧。

讀到這邊或許有人發現了，對待男性，基本上就跟對待字彙量還不夠多、不擅長用語言表達的孩子差不多。我在女公關時代也讀過非常多幼兒教育的書籍，其中有非常多內容值得參考，我建議大家可以參考看看。

女性抿嘴就是不滿的訊號！

另一方面，我覺得女性的內心容易表現在嘴巴上。在這個口罩時代中，對男性來說可能有點不利呢。

我都是從嘴巴來判斷店裡的媽媽桑今天心情好不好。媽媽桑在提醒女孩子時，會有先抿一次嘴的習慣，這是「我正在忍住想說的話」的訊號。其實她很想要嚴正警告，但她很自制地試圖平靜傳達，這就是她在讓自己冷靜下來時不自覺做出的舉動。

不安與慌張時會「咬唇、舔唇」，無法說出想說的事情時會「嘟嘴、抿嘴」，這些是很容易出現的舉動，所以男性可以試著關注女友的嘴巴，看她是否有不滿。

如果你看見這類舉止，說一句「我很遲鈍，所以要是做錯了什麼請告訴我喔。」會讓對方更容易說出真心話。

男與女的HAPPY TALK

當隱瞞虧心事的舉止被看穿時

對男性說這句話，有很高的機率可以聽見他告白真心話。

「你是不是有事情瞞著我？我不會生氣，你就直說吧。」

「我很遲鈍，所以要是做錯了什麼，請告訴我喔。」

對女性說這句話後，就能創造出讓對方容易說出真心話的氣氛。

【姿勢】男人姿勢放鬆、女人姿勢端正表示有戲唱

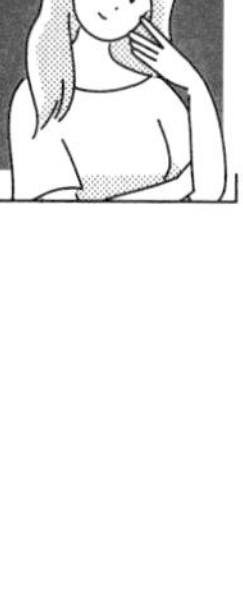

銀座的俱樂部，是顧客也會帶著一定程度緊張感上門的地方。接著透過對話與酒精慢慢放鬆，女公關會漸漸從顧客的「姿勢」變化中得知「啊，他對我敞開心胸了」。

當顧客像在自己家中那樣往後坐滿整張椅面、雙腳大開、身體靠在沙發上時，就是敞開心胸的訊號。**在心理學上也說，男性會在交心的對象面前放鬆姿勢。張開雙腳也表示敞開自己的個人領域（他人接近時會感覺不**

快的空間），也就是處於舒適的狀態。

實際上指名我的顧客，一開始也會為了讓自己看起來高大、帥氣，會挺起胸膛端正姿勢。但隨著來店次數增加，就會開始放鬆姿勢，基本上都會變成像在撒嬌一樣懶懶散散的。

女性和男性剛好相反，在喜歡的人面前想讓自己顯得更漂亮，這個緊張感讓女性姿勢端正，但在無所謂的人面前就容易放鬆姿勢。而在不在乎對方怎麼想自己的人面前，會很明顯擺出毫無幹勁的狀態。

順帶一提，如果女性在你面前垮下肩膀，很遺憾的，她可能不僅對你沒好感，更可能對你抱持接近討厭的感覺。據說女性有「光是想起討厭的人，就會垮下肩膀」的習性。

男女有沒有戲唱的訊號完全相反！可別誤解而錯過戀愛機會

男性有戲唱的訊號，可以確認他的姿勢和雙腳張開的程度。放鬆姿勢，自然張開雙腳，就是對妳有好感，聊天聊得很開心的證據。如果雙腳張開的程度還很小，表示他還在緊張，或是沒辦法加入聊天話題，所以可以加快說話速度增加輕鬆感，或是轉換其他的話題。

說句「和你說話非常開心呢！」給予對方安心感之後，就能提高「解開緊張感讓他敞開心胸」的可能性。順帶一提，也有研究指出，「把身體往後深躺在椅子上這種很懶散」的坐姿，是性衝動的表現。

女性有戲唱的訊號，就表現在「不管喝醉還是疲倦，是否仍努力維持漂亮」的姿勢。男性在喜歡的女性面前會變得姿勢懶散，所以看見女性端正姿勢，反而會感到不安想著「是不是還沒對我敞開心胸啊」。這是男女態度完全相反的點，所以請千萬別誤會而錯過戀愛機會喔。

另外，有許多女性在緊張時會比平常更常摸頭髮。看見她頻繁摸頭髮時，向她表達「兩個人單獨見面真令人緊張呢，我也緊張到全身僵硬。」的共鳴後，就能提升「讓她安心並對你有好感」的可能性。

男與女的HAPPY TALK

希望對方放鬆敞開心胸時

說句話讓男性感到安心後，就能提升讓他放鬆、對妳敞開心胸的可能性。

「和你說話非常開心呢！」

「兩個人單獨見面真令人緊張呢，我也緊張到全身僵硬。」

向女性表達共鳴後，就能提升讓她安心並對你有好感的可能性。

【吃飯方法】在喜歡的人面前，男人化身大胃王，女人化身小鳥胃

有個研究結果指出，男性和女性共處時，為了展現自己的存在感，會有食量變成大胃王的傾向。也就是說，吃飯約會時，如果看見他大口大口吃飯，或是喝酒喝很多，那就是有戲唱的訊號。他或許正努力地想要吸引妳注意。

對這樣的他誇獎一句「你的食慾好有男子氣概喔！」，他絕對會感到非常開心。

在銀座，顧客一開始都想要在女孩子面前逞英雄，所以會開高價的瓶裝香檳狂喝。但上門時間拉長後，會漸漸不再打腫臉充胖子，就很難做到這件事，所以我們才會偶爾故意和顧客吵架，活化彼此的關係。

對女性來說「性的怦然心動」與「滿腹感」相同!?

相反的，女性在意中人面前會變成小鳥胃。據說這是起因於被稱為戀愛荷爾蒙的PEA（苯乙胺 Phenethylamine）。PEA在戀愛初期分泌量特別多，具有提高刺激性中樞的多巴胺濃度的作用。女性大腦性中樞與滿腹中樞的距離比男性更短，所以性的怦然心動和滿腹中樞同時被刺激，明明沒吃什麼卻感覺吃很多，所以食量才會變小。

順帶一提，據說女性吃飽後容易有性衝動，這也是因為滿腹中樞刺激距離相近的性中樞，把滿腹感誤會為性興奮。男性為了追求女性而邀約女性吃飯，其實是相當合理的行為呢。

我建議男性別說「不吃可以嗎？多吃點嘛。」來勉強女生吃東西，而是可以說「我替妳吃吧？」，藉此展現食量大的一面。

男與女的HAPPY TALK

吃飯時怎麼誇獎對方

男性旺盛的食慾是有戲唱的訊號，像這樣誇獎他，肯定會讓他感到非常開心。

「你的食慾好有男子氣概喔！」

「我替妳吃吧？」

女性不是因為客氣或緊張，其實是因為PEA的作用而沒有食慾。勸她勉強吃東西也沒有意義，建議可以乾脆用這句話來表現自己吧。

結語

只要知道異性的真心話，就能確實提升開花結果的機率！

那個人為什麼不願意看我，為什麼會和我的心意背道而馳呢？

戀愛的難處，就在於對象是和自己思考迴路完全不同的異性。

人類會把不能說出口的真心話藏在心中，我剛投身酒店公關業時，親眼所見在那之前完全不了解的男、女真心話，相當震撼且大受衝擊。

但是，我現在深深感受到，比起不知道，知道了更好。

理解異性那些很難出現在表面上的思考迴路及行動模式，是非常重要的事情，與「毫無計畫就挑戰考試是很無謀的行為」相同，不建立任何對策還能讓戀愛開花結果的，只有天生的帥哥、美女，以及擁有交流溝通才能的人等極小一部分的人。

但是只要理解異性的真心話，就可能建立對策。讓你不會因為外表就被排除在戀愛對象之外，或是讓對方感到不悅，可以加倍提升戀愛開花結果的機率。

希望這本書可以幫助如過去的我一般帶有「想談一場平凡的戀愛」、「我不了解異性的真心話」等煩惱的人成功談戀愛，我衷心為大家加油。

關口美奈子

男人想成為第一，女人想成為唯一

銀座頭牌女公關教你讀懂男與女從未說出口的真心話

「最初の男」になりたがる男、「最後の女」になりたがる女
夜の世界で学ぶ男と女の新・心理大全

作　　者　關口美奈子
譯　　者　林于楟
主　　編　鄭悅君
特約編輯　王韻雅
封面設計　FE設計
內頁設計　張哲榮

發 行 人　王榮文
出版發行　遠流出版事業股份有限公司
地址：臺北市中山區中山北路一段11號13樓
客服電話：02-2571-0297
傳真：02-2571-0197
郵撥：0189456-1
著作權顧問　蕭雄淋律師
初版一刷　2024年2月1日
定　　價　新台幣360元（如有缺頁或破損，請寄回更換）

I S B N　978-626-361-385-0
遠流博識網　www.ylib.com
遠流粉絲團　www.facebook.com/ylibfans
客服信箱　ylib@ylib.com

SAISHO NO OTOKO NI NARITAGARU OTOKO、SAIGO NO ONNA NI NARITAGARU ONNA

國家圖書館出版品預行編目（CIP）資料

男人想成為第一，女人想成為唯一：銀座頭牌女公關教你讀懂男與女從未說出口的真心話 / 關口美奈子著；林于楟譯.
-- 初版 -- 臺北市：遠流出版事業股份有限公司, 2024.02 208 面；14.8 ×21公分
譯自：「最初の男」になりたがる男、「最後の女」になりたがる女：夜の世界で学ぶ男と女の新・心理大全 ISBN 978-626-361-385-0（平裝）
1.CST: 戀愛心理學 2.CST: 兩性關係

544.37014　　112018039